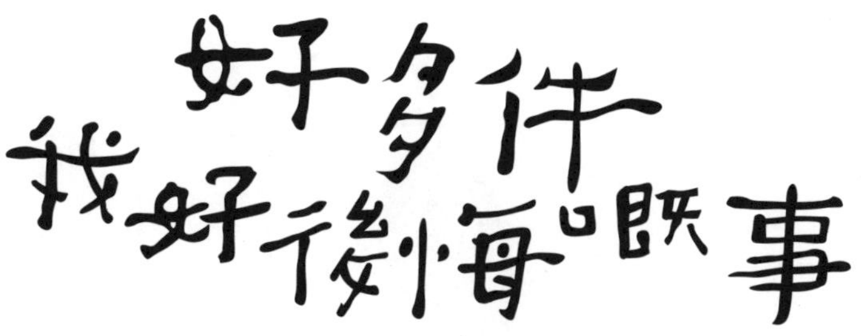


Some deep and long regrets

羊格

# CONTENT

SEP
1

## SEPTEMBER

今年我二十二歲，接近廿三，大學讀緊歷史系，眨吓眼已經 Final Year。

我叫阿翔，係因為我有個筆名叫「飛翔的狗」。我做人無風度、無承擔、對女仔唔細心唔溫柔，興趣只係睇書、寫作、講粗口，韓劇比較少睇，K-pop 唔聽，綜藝我只係知道個名，同人無咩共同話題。好似我一個咁樣嘅人竟然識到女仔，我認為，完全係搞笑技能使然。

我同對上一個女朋友——家雯——係喺 Year 3 差唔多完嘅時候先識，嗰陣學校有活動，佢同我咁啱一齊做 Helper。

我記得嗰日佢化咗淡妝，離遠望已經知佢應該好多人追。我諗。佢會做我女朋友，完全因為「搞笑」。至少喺我身上除咗「搞笑」之外，我搵唔到任何值得人鍾意嘅地方。

暑假嗰幾個月，我同家雯一直相安無事，直到開學，我哋就喺「搵工」同埋「錢」依啲話題上不斷嗌交，然後每次結尾我都唯有得過且過，懶係搞笑咁打圓場。

嗰日係九月二十七號，我哋啱啱好拍咗三個月拖，於是約咗喺旺角 D 出口等，一齊食放題。

我遲到咗一個鐘頭，搭緊地鐵嗰陣，我不停喺電話道歉：「對唔住啊，今日有啲嘢要做，搞到遲咗……」

地鐵逼滿人，去到旺角已經八點半鐘。

我話：「我到喋喇到喋喇，你喺邊？」

「E 出口。」佢冷淡咁答。

於是我又不停道歉：「對唔住啊對唔住啊……」重重複複，都係依啲說話。

佢著住白色 T 恤，揹住個斜孭布袋仔，挨喺旺角地鐵站 E 出口嘅紅色牆身前面。我行近佢，繼續不停咁道歉，好似要為依一生人所有錯事都道一次歉咁，道咗好耐，而佢一樣沉默，維持咗更加耐。

然後佢先開口：「又係掛住寫嘢啊？」

「唔係啊。」我即刻否認。

佢質問：「咁係做乜嘢事？」

我答佢：「做嘢嗰到唔放人吖嘛，冧晒檔，好多嘢做啊。」

佢繼續問，「無聽過你有做嘢嘅？」

其實嗰陣我無嘢做，遲到只係因為有嘢要同出版社傾，嗰啲所謂「商業活動」，會簽合約但無乜錢賺嗰種，講出嚟都覺得有啲似煮飯仔。我無解釋。

「係啊，份工朋友介紹㗎嘛，炒下散啫。」我答。

佢點點頭，輕輕應咗句「哦……」，之後都無再講啲乜。

而且我好清楚知道，如果我同佢講我又去寫小說，佢一定會更加嬲。

「對唔住。」總之對唔住，我道歉。

「嗯。」佢答。

我同家雯嘅對話之間，總要刻意避開一切關於「寫小說」、「文字」、「書」等等嘅話題。

家雯同我講：「搵吓兼職做咪幾好。」

嗰陣佢拖住我隻手，撓住我，喺旺角行人專用區到行。左右兩旁高樓外牆上面，掛住各式各樣嘅招牌，白色射燈光猛咁照住成條大街。

「嗯。」我點頭。

咁樣嘅對話，喺我哋之間已經出現過無數多次。寫小說嘅收入，計計埋埋除返開低過最低工資，所以家雯一直叫我唔好浪費時間去做啲咁樣嘅事。而我同家雯之間最大嘅衝突，就係我平時會為咗嗰雞膆咁多錢慳得就慳。

家雯一直都好介意，我竟然用盡所有時間，嚟做依啲一味得個做又維唔到皮嘅「工」。

「我唔係唔鍾意你寫小說啊，但係你分配返啲時間出去返工咪得囉。」佢話。

家雯係個好有計劃嘅人，做每一件事都會諗過度過，依方面我絕對比唔上佢。佢繼續講：「嗱，你平時返兼職，我當你嗰日 Day off 啦，咁你返八放六，搭車返到去七、八點到，食埋飯都仲有幾個鐘寫。」

我之前提過，Year 3 有一排試過用盡全日嘅時間嚟寫小說，佢聽到就好唔鍾意，話覺得咁做好戇居。

「你都要諗吓自己先得㗎！」佢鬧我：「上網啲人睇吓就算㗎喇！你咁認真做乜啫！」

「嗯。」我答。

「返工幾好吖嘛？」佢轉而問我。

當時我諗緊嘅係，下個故事應該用咩主題？用咩風格？下個故事我想寫得再搞笑啲，嗰時我已經大致有個諗法。

「幾好。」我笑笑口話：「啲同事對我幾好。」

佢好開心咁望住我，好滿意我嘅答案。

然後佢好似突然醒起啲嘢：「係啊！我講樣嘢你聽吖！」

佢捉實我隻手，望過嚟，雙眼好似識發光咁。

我問佢：「做咩事？」

「之前我咪喺 Big Four 到做 Intern 嘅！」佢好興奮咁同我講：「我收到佢哋 Return Offer 啊！」

家雯捉實我，佢雙手好似冬天掂到鐵欄杆咁凍。地鐵站出口一條大道直去，行人專用區五光十色，跳舞嘅跳舞、唱歌嘅唱，家雯身影背後係一個個來來往往嘅人。我停低腳步。

家雯回頭望：「你做咩啊？」

我搖頭，出盡力咁笑。「無嘢。」我話：「戥你高興啫。」

佢同我講咗好多做會計之後可能會遇到嘅事，好似喺佢面前，人生就係一樣清清楚楚嘅嘢。佢去到邊年，就會變成點樣。

「之後會一邊做嘢，一邊考牌。」佢話。

慢慢我哋去到嗰間放題嘅門口，門口外面企滿晒人。

「考牌好貴啊。」家雯向我抱怨：「仲要唔知考唔考到……」

慢慢我哋就跟住侍應，行到入去，慢慢坐低叫嘢食。

我安慰家雯，同佢講：「唔怕啦」。家雯讀書好叻，一直都係個學霸。「學霸邊會怕考試㗎。」我笑佢。

食物嚟到，佢影相，我食嘢。佢好開心咁影咗幾幅，我默默咁食咗幾啖。侍應行埋嚟，問我哋要唔要斟水。

「好啊。」我答。

家雯話：「遲啲入到去應該有排 OT，成日都要收夜……」佢講嘅時候有啲惋惜。

我向侍應講多咗聲「唔該」，佢斟完就行開咗。

家雯繼續講：「我入到去應該會係做 A1 先，我問過㗎喇，原來有好多師兄師姐都喺嗰間做。」

「你搵到想做嘅嘢，咁幾好吖。」我答。

好快我哋就食飽咗，坐喺度講咗陣唔知乜嘢就行去埋單，兩個人夾埋一餐食咗五百幾蚊，已經係我一星期可以用嘅錢。

「多謝阿翔。」佢笑住咁同我講。佢一笑，對眼就會瞇起，每次佢都會咁樣側住半邊臉，望實我。

關於生活嘅事，我無同佢講得好仔細。

佢轉而問我：「咁你呢？」

「我？」我問返佢：「我咩嘢啊？」

「你畢業之後想做咩啊？」佢問我。

本身我想答佢寫小說，可能半職做編輯，或者去電視台做編劇。但我知依啲工佢唔鍾意，所以無照實答。

「可能去搵我中學同學，佢可以 Refer 我入銀行做。」我話。

「銀行啊？」佢重複一次我嘅說話，諗咗陣，同我講：「銀行好啊！」

我附和佢：「嗯，收入幾穩定，又準時放工。」

其實我無諗過自己會做銀行，更加幻想唔到新年坐喺櫃枱前面，幫阿婆唱新銀紙派利是封。我哋喺行人專用區到一直行，經過幾圈大聲唱歌嘅阿嬸、玩雜技嘅阿伯，然後結束咗嗰日。

家雯臨走前問我：「你鍾唔鍾意我？」

「鍾意啊。」我答。

佢錫咗我一啖，好開心咁同我揮手，好開心咁同我講下次再見，好開心咁話好鍾意我。佢話見到我就好開心。我跟住佢

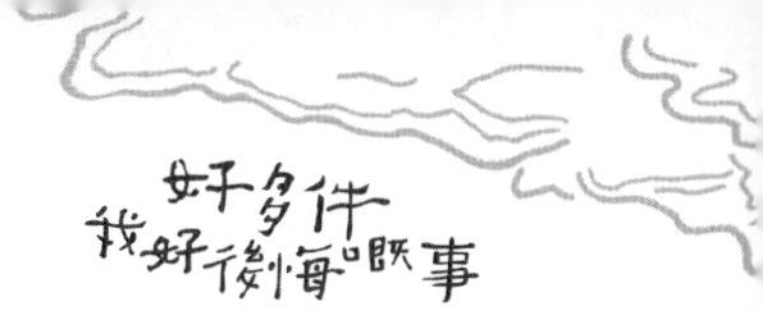


笑，向佢揮手，然後我轉身行入旺角站。佢喺閘口外面，我哋之間人來人往。

佢同我講「再見」。

我答「拜拜」。

我行咗兩步，再擰轉頭，佢已經喺巴士站等緊巴士，再見唔到佢。我終於鬆一口氣。而就喺我鬆一口氣之後，心入面忽然有所覺悟——我鍾意佢，我諗係因為佢會鍾意我。

到底我係由幾時開始變成一個咁樣嘅人？

返到房嗰時 Roommate 已經出咗去蒲，成間房黑晒，乜人都無。我沖完涼、吹完頭，打開電腦，就喺依晚我嗰個叫做「飛翔的狗」嘅 Facebook Page 就收到依個 Message——

「阿翔，你好牙。」

當時我一直煩惱緊自己嘅事，家雯講過嘅每句說話仲言猶在耳——「搵工」、「做嘢」、「錢」……如果唔係收到依個 Message，我諗我望住個 Facebook Page，一定會忍唔住手將佢刪除。

「係，你好。」我回覆。

好快佢就覆返我，佢應該一直都坐喺部電腦面前。

佢煞有介事咁問：「可吾可以同你講件事？」

佢 Facebook 無頭像，個名可以係男可以係女，我攞住佢個名頭兩隻英文字母，叫住佢做 SY 先。除此之外我連多少少關於佢嘅嘢都唔知道。所以我同佢講每句說話嘅時候，都盡可能想像佢係個滿臉鬍鬚嘅大叔。

我問：「做咩事呢？」

SY：「阿翔你系咪拍過好多次拖嫁喇？」

每次我 Roommate 出去蒲，佢都會玩到黃朝百晏先返。然後一返到嚟，佢涼都唔沖就會直接攤上床。我同佢講過依個問題，佢會醒醒醉醉咁答我話，佢喺出面沖咗。

我反問：「做咩突然咁問？」

SY：「我見你寫寫埋埋咁多愛情故事……」

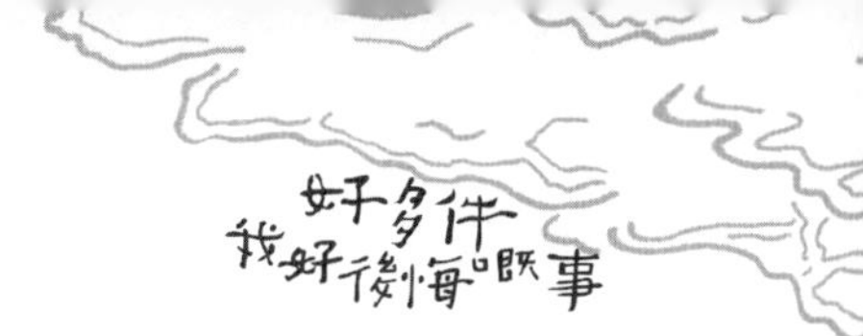


我答：「少少啦。」

「哦……」SY 輸入中……「咁你可吾可以教下我依家應該點做？」

「我都唔識教你喎。」我回覆。

至今為止，我已經騷擾過太多人嘅人生。我諗我無資格教人。

點知佢話：「唔緊要啦。」

嗰晚返到去我無打機、無打文，淨係聽住張學友唱嘅《這麼近那麼遠》，喺雪櫃拎咗支啤酒出嚟飲。我挨喺電腦櫈邊，望住隻窗，飲咗啖酒，嘆一口氣。一眨眼喺大學已經四年，依四年嚟，我就係咁一晚一晚捱咗過嚟。

Facebook 頁面右下角，對話框一直定格。

「？？」我回覆 SY，等佢繼續講落去。

SY：「我發現佢中意左第個……」

「咁跟住呢？」我問。

「所以我先揸唔定主意……」SY 輸入中……「但係我仲好中意佢……」

## SEPTEMBER

SY 輸入中……

我望住部電腦喺度等，等佢講埋落去。

SY：「咁我應唔應該同佢攤牌？」

由宿舍望出去，淨係會見到對面宿舍，灰色牆身，窗框一格一格。

「你捨得咩？」我問。

淨係睇佢打字都打咗一堆「……」出嚟，就知道佢根本唔捨得。

SY：「……」

「係呢，」我問返佢：「你哋一齊咗幾耐？」

SY：「一年喇……」

我：「睇你都唔捨得㗎啦？」

SY：「嗯……」

我：「咁你咪當畀次機會佢囉。」

SY：「佢中意第二個牙，叫我點忍 wor ！」

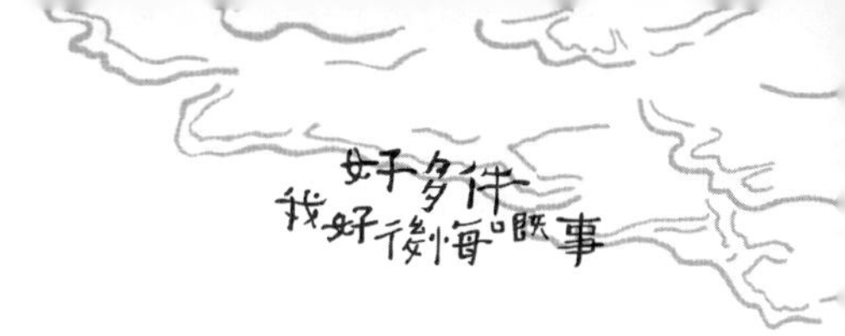


我：「咁同佢攤牌？」

SY：「我又唔想。」

再喺依個話題糾纏落去，好似都無乜意思。

「你係點發現？」我問。

SY：「嗰日我打開咗佢部電話，見到佢同個女仔嘅對話。」

「可能係誤會呢？」我輸入。

SY：「佢哋又心心又豬豬！」

我諗唔到打啲咩好。我以前都遇過件咁樣嘅事，只係我喺男仔嗰邊。

我：「可能係佢朋友，大家玩吓嘅啫。」

嗰年係我啱啱升上 Year 1，住咗入宿舍，識咗一個女仔。我無同佢講我有女朋友，佢都無講佢有男朋友。

SY：「朋友會咁玩嫁咩？！幾句就一句係咁喎！」

Year 1 嗰時，我同緊個中學嘅師妹拍拖，我喺九龍塘，佢喺屯門。我返晏晝三點半堂嘅時候佢啱啱放學，我出去同朋友飲酒嘅時候佢要瞓覺。

我：「依啲可能係大家講吓笑嘅啫。」

大學 Year 1，我同另一個女仔開始熟絡，不時 Whatsapp 傾計，有時會去佢房搵佢同佢 Roommate，有時就會得返佢喺嗰到。我會問佢食咗飯未、食咗乜嘢、不如你食埋隻碟、傳說九龍城有九條龍五行屬火、你知唔知……一開始我哋講嘅都係啲垃圾說話多。

SY：「會搵依啲嘢講笑？」

我：「個個人唔同嘅，我諗會啩。」

慢慢我同嗰個女仔會一齊食飯、一齊去街、一齊睇戲。喂，衰鬼你喺邊，我好掛住你啊，你幾時返宿舍？依啲就係我哋平時嘅對話。

SY：「真係？」

我：「嗯。」

我試過拖佢隻手，佢無縮開，直到差唔多行到返宿舍嗰時，佢同我講佢有男朋友，然後向我道歉，話好對唔住，佢無心……再慢慢放低隻手。

我：「你平心靜氣問吓你男朋友先。」

最後，我同依個女仔嘅 Whatsapp 對話，畀我中學師妹見到。佢問我依個係邊個，我話係大學同學，佢問我同學點解要咁講嘢，我答佢，講依啲嘢搞吓笑嘅啫，邊有人在意。

我：「講依啲嘢搞吓笑嘅啫，邊有人在意。」

SY：「如果真係咁點啊？」

我問師妹，你係咪唔信我。佢話，咁樣點信我。我話，真係玩吓㗎咋，你要信我。佢無反應。我叫佢唔好諗咁多，我哋真係無嘢，然後佢無再答我，一直靜咗落嚟。唔好諗咁多啦，我重複咁講。

「唔好諗咁多啦。」我回覆。

SY：「佢無啦啦同個女仔講埋啲咁樣嘅嘢啊！點樣唔理咁多啊？」

我：「你聽咗你男朋友點講先。」

SY：「……」

我：「一段關係在乎溝通與信任吖嘛。[ 笑 ]」

直到後來，我同師妹分咗手，Year 1 嗰個女仔做咗我三個月女朋友。

我：「邊有咁多無啦啦拍拍吓拖鍾意第個吖，拍電視劇咩？」

SY：「嗯……」

因為三個月後我遇到另一個人。

「咁好啦，我試吓問佢。」SY 回覆：「多謝你。」

「吖，係啊。」我叫住佢。

我諗咗一陣，到底應唔應該同佢講，最後我覺得，我好似都係用返個婉轉少少嘅方法會好啲。

SY：「？」

我：「你唔使咁鍾意一個人㗎喎。」

就係咁，嗰晚我結束咗依段同網友 SY 嘅對話。

嘔——

我將手提電腦冚埋，房裡面連最後一點光都完全消失。我拉起百葉簾，外面傳入嚟嘅全部都係夜晚街燈嘅光。

嘔——

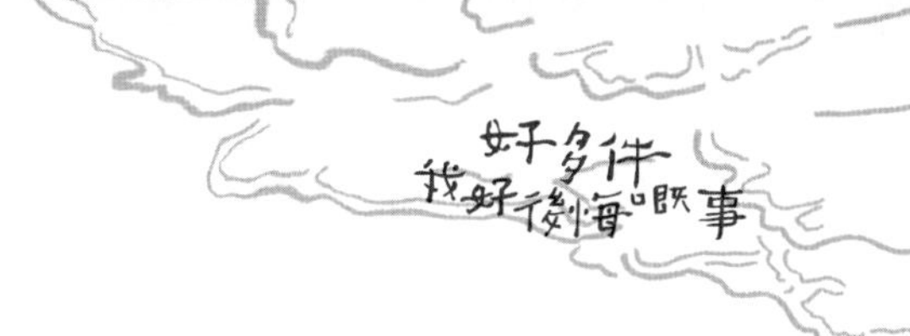


我望向門口，嘔吐聲就係由外面傳嚟，我推門出去，諗住望吓咩事。夜晚兩點半鐘，Roommate 喺走廊到嘔咗條黃河出嚟。

我大嗌：「喂！西牛哥！你無事吓話？！」

西牛：「我無醉……」

西牛靠住牆邊，坐咗喺度，半睡半醒，幾個人圍喺西牛身邊。西牛嘔到一身都係，白色 T 恤、黃膽水，周圍個個無從入手。

西牛爛醉喺宿舍走廊嘅地上，佢大嗌一聲：「我無醉！」

周圍一個圍住佢嘅圓形，一齊以佢為圓心褪開咗步。

「唉——」我搖搖頭。我諗，即係又係我執。

我叫埋佢哋幫手，是但拉起佢啲手同腳，抬佢入房去廁所，然後一大班人，就熱熱鬧鬧咁搬佢入去，講返轉頭，好似仲幾好玩咁。抬到入廁所，我打開淋浴間，抌佢過去水喉底，擰開水喉。

「邊個仆街射我！」西牛大嗌。

我較大水喉。

「嘩你老母！」佢起勢咁搖頭，擋住啲水。

我鬧佢：「醒啊仆街！」

西牛指住我，大喝一聲：「我無醉！」

廁所外面全部都係嚟食花生嘅人，我擰轉頭，幾十個人目光交投，然後我穿過佢哋，拎咗幾件衫同毛巾出嚟，放喺洗手盤邊。

「沖涼啊！」

我再見返清醒狀態嘅西牛，已經係第日。佢一見到我，就大大力拍落我到：「喂！」啪一聲：「阿翔你無嘢吖嘛！」

只係我估唔到，竟然係佢問返「我」有無嘢。

西牛指住我：「你吽吽哣哣咁樣嘅喂！」

本來係我想問西牛「你有無事」，但見佢龍精虎猛企咗喺度，我決定慳返啖氣。

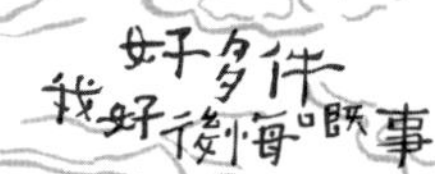


我一路坐喺電腦枱前面用電腦，一路問：「你琴晚又去咗邊到飲嘢啊？」

佢話：「琴日我 Friend 間酒吧開張嘛。」

我一直聽，由得佢講落去。只要西牛一開始講嘢，佢無論如何都可以講到落去，所以同佢傾計我好自在，唔需要刻意諗啲嘢去回應。

西牛：「喂！咁老死嚟㗎嘛！我緊係去賀賀佢！」

西牛：「點知呢！條仆街又真係仆街嚟㗎喎！」

西牛：「佢話啊……」

佢停頓咗一下，示意我要畀啲回應佢，所以我是但畀咗啲回應佢：「吓？！咁跟住點啊？」佢好滿意，跟住繼續——

西牛：「佢就話喎：阿西牛哥！見你咁錯蕩嚟支持細佬！我請你飲兩杯先！」

西牛：「咁我依啲做兄弟嘅，緊係兩脅插刀㗎啦，你話係咪先？」

佢又停咗停，要我點頭。我點頭。

西牛拍拍我膊頭，笑咗笑：「畀酒我飲喎，唔使錢喎，我唔同佢死過？！一世人兩兄弟，會講錢㗎咩？吓？！嗱阿翔你話喇係咪先。」

我：「係啊係啊。」

西牛拍一下手：「嗱咁咪係囉！」

跟住佢再繼續——

「咁我就飲佢老母啦！吖！條仆街話有支新嘢，要我試味喎，Whisky嚟。雖然佢份人平時就仆街啲，咁做朋友，一定畀返些少意見嘅。」

西牛：「佢就叫人遞咗幾杯過嚟啦，三杯到肚玩得興起緊係猜返兩板，五個啊十個啊十個啊，係咪好爽喇，你話係咪咁話先？」

我點頭：「哦，係吖。」

西牛：「幾時都話阿翔你明事理。」

我：「跟住呢？」

「仲跟住？」西牛：「我去食女啦！」

我擘大對眼，望住佢，咁啱塊臉有少少痕，我揩揩塊臉。

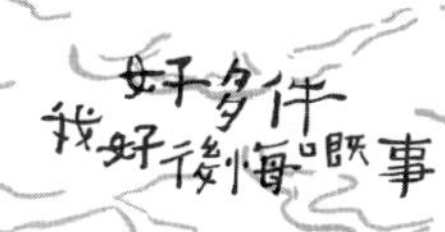


西牛伸出手，撐起五隻手指，佢話：「無，其實跟住我醉醉地自己走咗。」

「食屎啦你。」然後我就做自己嘢，無再理佢。

「不過，」西牛佢一手撳住我，將我個頭擰返轉去佢嗰面。佢話：「嗰到啲女幾得，幾個都係我個 Friend 啲 Friend 嚟，我帶你去見吓世面！」

「唔好啦！」我答：「我好怕去依啲場合。」

今年我 Final Year。

「依咩啲場合呢又？」西牛即刻窒返我：「酒吧之嘛，飲嘢之嘛，真係堅嘢你都未試過啦！」

佢一嘢拍落我膊頭，啪一聲：「就下禮拜五晚啦。」

我呆咗陣：「吓……？」

西牛：「你都無嘢做㗎啦！」

我：「咁又無。」

西牛：「你咪當去飲兩杯吹吓水囉！」

西牛嘅出現，好似將我帶返去幾年前咁。

我：「好，好啊，去飲吓嘢。」

西牛：「我照住你啦！你唔使劣嗝！」

我話：「我好少飲酒。」

OCT
1

時間好快去到我同西牛約定嘅星期五。嗰日一覺瞓醒，已經係下晝兩點半鐘，我刷好牙，換好衫，踢對拖就落 Canteen 食下午茶。

行到一半我先睇到電話，原來朝早家雯 Send 咗個 Whatsapp 嚟講「早晨」，佢 Send 嚟嗰時係上晝九點。

下晝三點，我回覆：「早晨。」

無幾耐家雯就覆返：「你依家做緊咩？」

嗰日 Day off，食完 Canteen 我會去打機，喺宿舍裡面男人有三種，一種打機、一種飲酒、一種又打機又飲酒，其他都係女人。

我回覆：「我去上堂。」

「阿翔你係咪做嘢好攰？」佢問。

自從上次食飯之後，我就無乜覆過家雯訊息，但整體唔算好難處理，只要講句「上堂」或者「返工」就可以捱到一日唔使覆佢。佢想傾電話嗰時我可以話啱啱收工好眼瞓，不斷咁聽日先講聽日先講聽日先講……或者喺佢發脾氣之前快過佢發脾氣，方法有好多。

我覆佢：「唔係。」

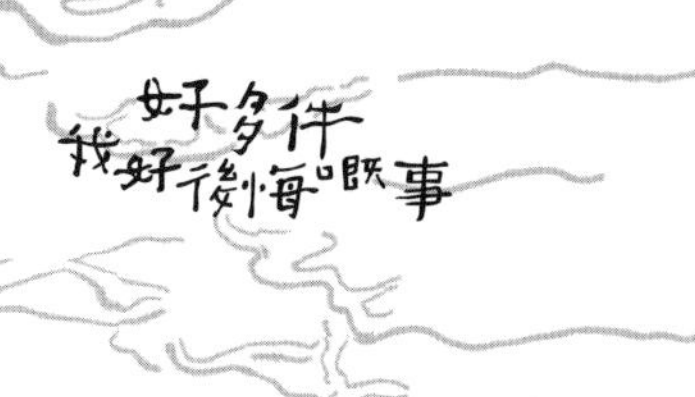


「你依排做咩啊？」佢繼續問。

「做咩啊？」我反問。

家雯：「成日都唔出聲咁嘅？」

「要上堂。」

家雯藍剔咗就無再回覆。我見到藍剔，鬆一口氣，收返埋部電話，繼續行去食嘢。

我鍾意自己一個，只係當一個人孤獨得太耐，就會想身邊有多一個人；但當我身邊嗰個人留得太耐，我又會想得返自己一個。結果每個女人都係咁，來來去去、來來去去……

我的確曾經為此反思，但後來都係選擇放棄。反正，無論幾想一個人留低都唔代表佢會留低，無論幾想留低喺一個人身邊，都唔代表我可以咁做。特別依幾年，可能因為升咗上大學，多咗好多人喺我身邊出現，消失嘅都更加之多。結果我咩都無得到過，依四年帶畀我嘅改變，只有我對嗰啲故作堅貞嘅愛情開始深惡痛絕，一聽到人講「愛你」就覺得毛骨悚然；至於學識嘅，就只係可以同一個唔愛嘅人講「愛你」，同埋點樣同女人分手。

行去 Canteen 路上個天好藍，吹過一陣夏天嘅風。路上遇到幾個似曾相識嘅人，我吔打咗個招呼，然後整段路我都用嚟回憶依一班人到底我喺幾時見過。

路上，我以為家雯唔會再搵我，點知隔咗一陣，佢又 Whatsapp 我問：「係呢？你今晚有無邊到去？」

我食完下午茶，幫西牛買埋個外賣，返到房嗰時，西牛仲瞓喺張床到打緊鼻鼾。

然後又係家雯嘅 Whatsapp：「？？」

「無。」我回覆。

「今晚得唔得閒啊？」家雯：「我好想見下你。」

「有嘢要做。」我回覆。

「真係好多嘢做？」家雯問。

我無再答。

我拎埋個飯盒行去西牛隔籬，佢一知道有嘢食就彈咗起身，係咁同我講唔該唔該，我話唔使唔使。佢話咁佢就唔客氣喇，我叫佢畀咗錢先，佢話我小氣，我緊係鬧鬼佢。於是佢死死地氣畀完錢先拎到盒飯。

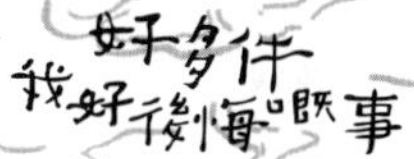

西牛接過飯盒，將佢放上書枱。我部電話仲停咗喺 Whatsapp 嗰一頁，西牛望吓我部電話，又望吓我。

西牛佢問：「你唔使覆人家咩喂？」

我答：「唔使啦。」

西牛窒咗窒，佢問我：「你同阿嫂無咩嘢吓話？」

「無嘢。」我答。

鋪排吓分手啫。

試過有一次，因為分手講得太過突然，搞到個女仔好唔開心。佢一直諗，點解會咁突然呢？你可以想像，前一日一齊去海洋公園，我仲搞咗成日笑，佢笑足全程，然後第二朝我話唔鍾意佢。佢唔信，覺得我一定係遇到啲咩事，一定係有第二個女人，或者我一定有苦衷。其實無，只係我單純由一開始就無鍾意過佢。但佢無論如何都唔信咩事都無，佢不斷咁諗，係咪佢做錯咗啲乜嘢事？

自此我學識咗「分手」依樣技能，我同自己講，同女人分手一定要慢慢嚟，最多藉口到時諗。

西牛佢點點頭，「哦⋯⋯」咗一陣，跟住就無再追問落去。佢同我講：「我今晚再問你。」

我微微一笑，無回答。

關於分手，我慣常做法係有一至兩個星期去準備一個「淡咗」嘅印象畀對方，如果佢想同我分手咁就分啦，如果佢唔想，咁成個禮拜之後佢應該點都有啲心理準備。

家雯佢又 Whatsapp 我：「你今晚真係唔得閒啊？」

我答家雯：「嗯。」

無論佢覆唔覆我，我都唔會再睇電話。

「今晚係出去飲嘢㗎嘛？」我問西牛。

一岳高頭，西牛已經咬住支牙刷，成口泡咁答我，「鞋啊！(係啊！)」

我嚇咗一跳，心諗佢到底係幾時走咗去刷牙。

西牛佢仲一嚐嚐咁話：「禾友界可吖你吖？！(我有幾何呃你吖？！)」

最後我放棄咗去回憶。佢耷低頭，向手上嘅喉口杯吐出一啖水。佢恥笑我：「嘩你去到唔好劣啊，唔好亂咁扯旗失禮阿叔啊。」

我笑笑：「你收皮啦。」

西牛佢搭搭我膊頭，「嗱，如果我陣間自己走咗你就醒水自己走喇，唔使打嚟搵我㗎喇。」佢恐嚇我話：「你試吓打嚟吖！我燒你春袋啊。」

「哦。」我點點頭。

夜晚，西牛約我喺尖沙咀等，話帶我行過去。星期五晚嘅尖沙咀有好多人，好多好多條短裙。

我認為自己一生最大嘅矛盾，係鍾意孤獨，同時害怕孤獨。

間酒吧唔算大，裡面好暗，長長嘅吧枱底下亮起僅餘嘅暗藍色光。其他一切，每一張枱、每一張櫈，都係黑色一片。直至再望遠啲，先有兩盞喺天花板上嘅射燈，照住一個好細嘅台。嗰陣有一個人彈琴，有一個女仔唱歌。西牛拉住我行，一眼都無望過佢哋。

「喂阿 Kelvin 哥！」西牛一見到嗰個銀色頭髮嘅青年，就好興奮咁行過去，同佢打招呼。

嗰個叫做 Kelvin 嘅男人行咗過嚟，拍吓西牛嘅膊頭，好似西牛平時拍我咁大力。佢同西牛講：「乜帶埋個 Friend 嚟玩咁錯蕩啊喂！」

佢哋來來回回傾咗幾句，我無留意佢哋當時講緊啲乜，視線一直停留喺台上唱緊歌嘅女仔身上。

「你個 Friend 叫阿翔啊？」聽緊歌嘅時候，我依稀聽到一句咁嘅說話。

我無畀到反應，一心都畀嗰個女仔嘅歌聲吸引住。佢把聲有啲沙啞，好似想喊。

「阿翔。」我又聽到好似有啲咁上下嘅句子，但我唔肯定。

突然有人拍我膊頭一下，其實無乜邊個，都係西牛。佢大嗌：「阿翔！」

跟住就到 Kelvin 同我講嘢，佢向唱歌嗰邊岳下個頭，佢問我覺得「啱唔啱聽」。我點吓頭「好好聽啊」。Kelvin 揚起手，叫咗個女侍應過嚟，遞咗張紙畀我。

Kelvin：「啱聽點返首歌吖。」

「好啊，」我禮貌咁接過張紙：「Thank you.」

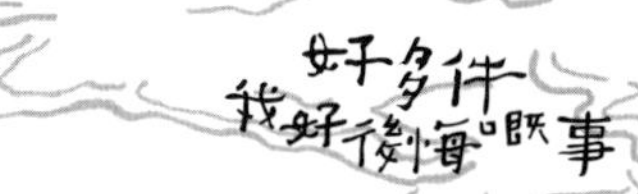


Kelvin 佢聽到就大笑咗聲，佢拍吓我膊頭，又「哈哈哈哈」咁笑。佢同西牛講：「乜你個 Friend 咁見外嘅喂！」

西牛陪笑幾聲，無耐 Kelvin 就轉身行開：「喂你哋自己叫住嘢飲先！我過嗰邊搞搞啲嘢！」

西牛舉舉手：「唉得㗎喇自己搞掂自己搞掂。」

於是我拎起支筆，點咗首歌。西牛嗌咗個人嚟叫酒飲。

「係喎西牛。」Kelvin 行行吓，就擰轉頭，「Stephanie 都喺度喎，仲有佢個 Friend……Err……」佢諗咗陣：「唔記得咩名，之前未見過㗎。」聽到佢咁講，我哋一齊笑咗笑。Kelvin 佢繼續話：「你哋自己認識吓啦吓。」

我點咗首歌，又係張學友嘅《這麼近那麼遠》。

「西牛！」無幾遠就有個女仔邊嗌邊行埋嚟。

西牛探頭一望，然後好開心咁嗌咗個女仔一聲「Stephanie ！」

Stephanie 著住件黑色嘅一字露肩連身短裙，啡色鬈髮，頭髮去到背後。手上拎住個長銀包，著住對高跟鞋。佢對住西牛笑，一步一步咁行近西牛。

西牛：「今晚你又落嚟嘅？」

西牛企起身，張開雙手同 Stephanie 擁抱。

Stephanie 講笑咁話：「係啊掛住你吖嘛！」

嗰個叫做 Stephanie 嘅女仔背後，企咗另一個女仔喺度。佢著住一條黑色嘅輕紗連身短裙、一對腳腕綁帶嘅平底鞋，留一頭黑色直長髮，齊陰但額角少少分開。

佢微笑向我點點頭，我都係，微笑向佢點點頭。

西牛：「你個 Friend 啊？」

Stephanie：「阿怡啊。」

阿怡佢縮縮條頸咁向我哋打招呼：「Hello.」

本來我想自我介紹一次。

但 Stephanie 一埋嚟就同西牛講：「喂嗰日你無事吖嘛？」佢含笑咁問，臉帶恥笑。

西牛：「唉我龍精虎猛啦！」

Stephanie 佢又笑一笑。

然後西牛同 Stephanie 就自己有自己傾，好似當我同阿怡都唔在場咁。佢哋講起近況，講起 Kelvin 開依間吧嘅經過，講

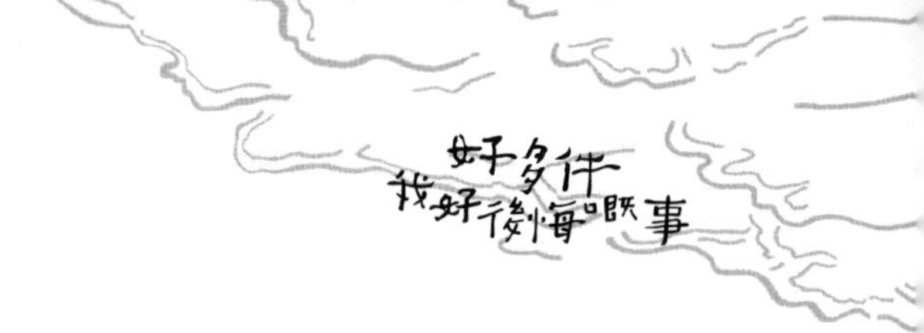


起學校，佢哋點樣走堂、點樣打工、做嘢嗰到個老細有幾西。慢慢我就跟唔到佢哋兩個嘅話題。

Stephanie 同阿怡係中學同學，阿怡佢咁啱同我哋係同一間大學。

「乜咁啱啊？」我話。

「Err……係囉。」阿怡話。

沉默。

西牛忍唔住插把口埋嚟，佢一下打落我後腦：「喂阿翔你咁樣點溝女啊！講學校？！你講埋 GPA 吖講埋 Group Project 添吖笨！開 SEM Present 咗未啊你老味。」

西牛同 Stephanie 一齊笑。阿怡尷尷尬尬咁耷一耷頭。我摸摸後腦，望住依兩個喺咁笑我嘅人，我有啲唔知點樣反應至好。

西牛向住阿怡，一隻手搭住我膊頭，一隻手指住我，二話不說將我介紹畀佢。

西牛話：「阿怡，依個係阿翔。阿翔正啊！作家嚟㗎！」

我當堂嚇一嚇，細細聲叫西牛唔好講，做作家又唔係啲咩馨香嘢……

西牛佢又大大聲咁講：「咩唔馨香啊！出書喎！有幾可啊！」

阿怡望住我。

而西牛佢見到戰術好似成功，就繼續將我推銷畀阿怡：「嗱！咪睇佢咁樣啊，係才子啊！才子！」

西牛不停重複「才子」兩隻字，但佢越係咁講我越覺心虛。

阿怡佢側住頭問：「真係㗎？」

西牛佢依舊一隻手搭住我，一隻手指住我，好肯定咁話：「緊係啦！」

一枱三個人，佢哋同一時間望住我，一言不發地。

「Err……係嘅……」我無奈咁答。

我寫小說寫咗三年，但至今為止寫小說嘅作用我只係搵到兩個：一、可以同女人開多個話題；二、女人總覺得寫啲垃圾小說出嚟係一件好勁嘅事。

Stephanie 同阿怡異口同聲咁講：「好勁喎——」

嗰次係我第一次認為寫小說嘅成功感唔係源於讀者，而係單純源於女人。

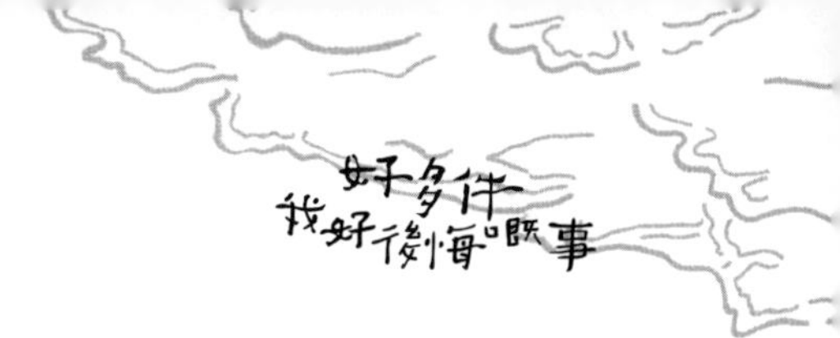


「搵唔到食㗎，仲搞到我好窮添。」我扮到好似講笑咁話，其實我好認真。

「咁都好勁啦！」Stephanie 同阿怡無理會我嘅回答，依舊雙眼發光一樣。

我無法理解佢哋嘅心理活動。

跟住落嚟好幾分鐘，西牛都一直將我嘅故事分享畀面前依兩位少女，無幾耐酒就嚟到，唱歌嘅女仔唱完一首又一首。西牛說話比平時用力，講笑話嘅時候手部嘅動作比平時大，有時會畫個圓圈，有時又會向後一縮表示驚嚇，而面前兩位少女都樂於聽西牛講嘅每句說話。

西牛：「阿翔啊！佢上一個故事就係攞我嚟做靈感㗎喇。」

兩位少女驚嘆一下，飲一啖酒。

西牛：「佢啊成日又話我咸濕又剩咁，唉，出賣朋友你就最叻㗎喇！」

西牛佢望住我示意我要答啲嘢，所以我答啲嘢——

「係啊。」我答。

西牛：「你哋唔睇阿翔咁樣啊，佢份人平時好鬼好笑㗎。」

眾人陪笑，我又陪笑。

西牛又搭住我膊頭：「阿翔你講返個笑話嚟聽下先啦喂！」

一時之間我都諗唔到有咩笑話好講。

我答西牛：「一時之間我都諗唔到有咩笑話好講㗎喎哈哈哈哈。」

西牛撒手，向後一挨：「求其啦！」

我諗咗陣。

「從前有三隻蝦啊。」我話：「哈哈哈。」

幾乎所有人一齊靜咗落嚟，除咗佢。

「哈。」

阿怡竟然笑。

Stephanie 好愕然：「喂你唔係吓話？」西牛佢聽到當堂嚇一跳：「咁都好笑！？」

阿怡望望我，又忍唔住不斷咁笑，笑到斷斷續續咁，喘幾下氣，回過神嚟，然後再笑。等咗好耐佢先至再講到嘢。

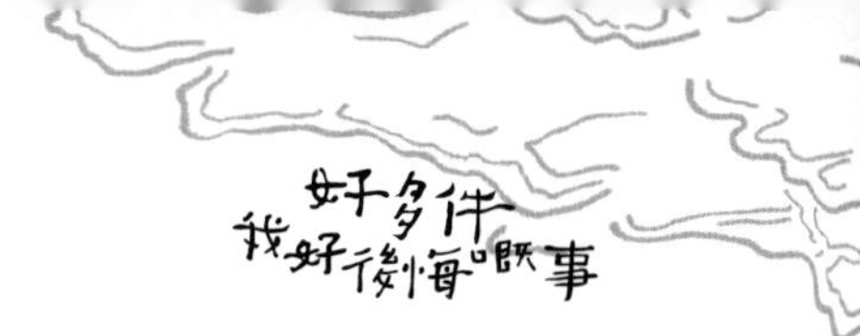


阿怡佢話：「係你個 Friend 個樣好好笑啊！」

我向佢戚戚眉，拉起嘴角微笑一下。跟住佢又笑。

阿怡：「你個 Friend 好好笑。」

西牛聽到佢嘅說話受到肯定，佢好開心，佢豎起咗隻手指公咁話：「係呢。我無講錯吖嘛？」

我拎部電話出嚟，開個自拍鏡頭照一照鏡，重複一次啱啱嘅表情、動作，我始終唔明我個樣嘅笑點喺邊，但我周圍已經有過好多唔同嘅人，異口同聲話過我個樣好笑。

西牛唔執輸，繼續認叻：「依條友好出名㗎！我有好多 Friend 都追緊佢啲故㗎！」

淨係聽住佢講我都打晒冷震。

阿怡佢難以置信咁問我：「你真係個作家？」

聽到作家兩隻字我就想打冷震。我唔覺得我係個作家，極其量只係個網民。

「我依啲得閒玩吓嘅啫。」我回答。

「你寫啲咩㗎？」佢問我。

我答佢「小說。」

「咩小說？」佢繼續問。

「愛情啫、搞笑啫……」我答：「都係一堆睇完同無睇過一樣嘅嘢。」

阿怡佢雙眼發光咁話：「我好想睇下啊！」

「你平時都睇開小說？」我問。

見佢竟然話想睇下，我以為係因為佢平時有睇開小說。點知佢斬釘截鐵咁答：「無。」

「吓？」我聽到呆咗呆。

佢瞇起眼笑咗笑，佢同我講：「我第一次識到個作家吖嘛。」

「真係無咩特別㗎咋。」我答。

佢話：「好少見喎！」

我覺得自己好似一隻動物園企鵝，所有人嘅視線之所以聚焦喺我身上，純粹因為供需關係——係香港好少企鵝，而唔係我作為企鵝本身有乜過人之處。

「阿翔。」講講吓，西牛突然叫咗我一聲。

同枱佢哋三個人就一齊望住我。

「你同你條女點啊？」西牛問我。

我眼尾掃掃阿怡，故意畀西牛見到我對眼視線嘅方向。

「我邊有女朋友。」我回答，一手拍向西牛後腦：「同條女鬧交嗰個 Vincent 嚟㗎你老母！」

西牛佢摸摸後腦，瞌埋眼大笑咗聲，「哈哈哈哈」咁，再同我道咗個歉，「唉，唔好意思囉！記錯之嘛！」

「食屎啦你！飲酒啦！」我對住西牛嗌，拎起一隻酒杯。

西牛佢笑笑，一杯酒灌落心頭：「仆街仔，梳囉！」

我哋碰下杯，又飲。

我向阿怡自嘲：「我依啲 A0 毒撚邊有女吖。」

根本就無 Vincent 依個人。

「我根本無可能有女朋友。」我又再飲一啖酒，笑一笑。

阿怡佢微微耷低頭，嘴唇輕放杯邊，跟我哋飲咗啖酒。

我問阿怡：「你呢？」

記得嗰時我問咗嗰個叫做阿怡嘅女仔一個問題，條問題好似大約係咁——

嗰晚我望住佢問：「你有無男朋友？」

「Err……」阿怡呆住，然後微笑，輕輕點點頭。佢答：「無啊。」

然後我哋順住「我係作家」嘅話題傾落去，講到我以前寫過嘅一啲故事，裡面一啲橋段，唔知點解佢竟然對依啲無關痛癢嘅事出奇地有興趣。慢慢我哋講到酒，講吓 Vodka，講吓 Rum，依個時候我先知道原來佢好少出嚟飲酒。跟住講到我哋周圍嘅事，我哋同一間學校，佢住宿舍，我都有住，所以要搵話題唔係太難。時間過得好快。我記得酒吧嘅歌手轉過好多首歌，嗰一把沙啞嘅女聲由我坐到入嚟嘅第一刻起已經吸引住我。

少女歌手：「跟住落嚟，送畀大家依首歌，係一首我好鍾意嘅歌。我以前成日都會聽。」

前奏起。我同阿怡沉默住對望。佢慢慢瞇起眼，側住頭，佢用口型問我「做咩嘢」，我搖搖頭，無答佢。

少女歌手：「係張學友嘅《這麼近那麼遠》。」

其實我好鍾意依首歌。

阿怡同我講：「我好鍾意依首歌㗎！」

我話：「我都係。」

阿怡話：「我中學嗰時就有聽！個個中學同學都笑我老！」

西牛眼尾掃向我哋，就用埋佢把死人聲好不屑咁串鬼我哋：「嘩你兩條友臭味相投到咁啊，一齊啦，拍拖啦，結埋婚添吖笨。」

我同阿怡對望吓，「噗」咁一齊忍唔住笑咗聲。

我又拍下西牛，我鬧佢：「關唔關你事啊？」

跟住，我就見到西牛同 Stephanie 打咗個眼色，Stephanie 又眨咗吓眼。兩個人眉來眼去咗一陣，但佢哋都無注意到我望住佢哋。

「哈！」突然西牛佢作狀大笑一聲，吸引我同阿怡注意，之後佢睥住我哋，陰陰嘴笑咗一陣，佢同我哋講：「你哋講聽歌添啊，不如你哋傾埋香港樂壇嘅未來走向添吖。」

佢同 Stephanie 一齊笑鬼我哋。阿怡佢又好尷尬咁兩隻手揸住隻杯，又飲咗啖酒，避開二人視線。

西牛：「Stephanie.」

Stephanie：「嗯？」

西牛：「你聽朝使唔使返工啊？」

西牛轉頭就背住阿怡，向我打吓眼色。

Stephanie：「要啊，我聽朝仲要返早添啊。」

西牛：「嘩，咁你仲出嚟飲嘢？」

我隱約見到 Stephanie 佢望咗我眼：「咪阿怡囉，唔係阿怡有事我都唔會出嚟㗎。」佢仲好似故意講依一句畀我聽咁，拉高聲線。

西牛：「阿怡無咩嘢吖嗎？」

Stephanie 向阿怡單一下眼：「依啲嘢我唔講啦。」

阿怡為咗避開視線，又再飲咗啖酒。整個夜晚佢已經因為咁而飲咗好多，佢塊臉開始有少少紅，但因為燈光昏暗，所以唔太明顯。

我細細聲問阿怡：「你 OK 啊可？」

阿怡無答。

Stephanie：「不過我都想早少少返去先……」

西牛：「咁我送你返去先喇。」

「唔得！」Stephanie 斬釘截鐵咁話：「咁我老死點算啊？」

西牛佢指一指住我：「唉啊！阿翔都係住宿舍㗎嘛！」

佢哋兩個一唱一和，又同一時間向我依邊望嚟。

Stephanie 作勢望望錶，佢問阿怡：「係喎，你今晚返宿舍？」

阿怡佢輕輕「嗯」一聲答咗佢哋。

西牛企喺身，行到去 Stephanie 背後，Stephanie 一樣慢慢咁企咗喺身，離開。西牛搭住 Stephanie 膊頭、落到佢手臂、落到佢條腰。

西牛：「得！搞掂！」

西牛佢一手捉住 Stephanie，一隻手背住我，同我揮咗揮手。

佢話：「咁靠你送阿怡返去㗎喇——」

阿怡伸出手，「喂」咗一聲，佢本來想叫住佢哋。

但 Stephanie 一直向住前面行，西牛隻手放喺 Stephanie 嘅腰間，轉頭對我哋單住眼話：「你哋自己玩喇！」

我撓住腳，向椅背挨，同阿怡無奈咁對望咗眼，我倆啞口無言。音樂起。

我哋靜咗一陣，音樂包圍我哋，阿怡咩都無講，淨係飲酒。直到一首歌結束，我又問吓佢嘅近況、周圍嘅事，佢亦都係問我咁上下嘅嘢。為咗打破沉默，我哋不得不說話，人類一直以嚟都係咁，說話突然之間去到一個咁嘅方向。

我問：「你真係無男朋友咩？」

唔記得咗之前我哋講緊啲乜，總之我哋有過咁樣嘅一堆對話。

「無啊。」佢話。

「唔似。」我話。

「係咩？」佢話。

「你好正喎。」我話。

佢笑笑：「你唔好講笑啦。」

我好認真咁點點頭：「我認真㗎。」

阿怡佢側住頭，笑住咁問我：「你係咪同個個女仔都咁講？」

我講笑話:「我淨係會同啲側住頭笑住同我講嘢嘅女仔咁講。」

記得嗰時我已經酒氣醺醺，喺我眼睛裡面，佢背後好似已經鋪上咗一層薄霧。

佢指住我，話我：「鬼信你啊。」

我好認真咁望實佢，托住下巴。

「唉——點解我會講埋啲咁嘅嘢呢？——點解呢點解呢？」我明知故問，又暗自私語：「真係大逆不道啊。」

阿怡竟然笑。

「一有女仔同我講嘢我就會好緊張，」我話：「跟住就亂講嘢㗎喇。」

我哋對住望。酒吧嘅歌手唱最後一隻歌，直到鋼琴彈完佢最後一粒音。

## OCTOBER

離開酒吧，嗰晚落住毛毛細雨，我哋走嘅時候，兩個都無帶遮。我哋急急腳行，行咗幾個街口。雨點落喺瀝青路上，成條馬路跟住夜色變深。

我哋一齊行返宿舍，同一條路，我同佢默默並肩咁行，但係有時，我又會故意行慢兩步，喺佢後面想望佢兩眼。佢背影好靚，一頭長髮，著住一條黑色嘅裙、一對高踭鞋，腳踭有條帶，裙擺跟住風嘅方向搖擺，裙擺慢慢消失，一時之間，佢喺我眼中竟如赤裸。

我忽然覺得，自己好似一隻狗。

阿怡見我好似行慢咗，佢擰轉身問我：「你無事嗎？」

佢背影好靚。

「無嘢，」我答：「飲完嘢嘛，行慢兩步啫。」

佢疑惑咁擰返轉頭，繼續向前，我同佢一齊經過好多條街，馬路兩旁泊滿汽車。我哋喺汽車之間穿過，橫過馬路，穿過好多塊招牌，走過好多道落咗嘅鐵閘。鐵閘上面貼滿「招租」嘅紙，淡黃路燈照亮落下嘅雨。

我有時會講兩個笑話，佢聽到會笑。

街上剩低最後一間便利店仲開緊門，白色燈光，喺夜晚非常刺眼，喺好遠處就可以見到佢存在。佢光到好似喺夜晚打開廚房雪櫃咁。

阿怡問我：「仲飲唔飲？」

我答佢：「好啊。」

阿怡向住有光嘅方向行。佢走入便利店，走到最入，停喺雪櫃門前，揀咗一陣，拎咗兩罐啤酒出嚟。

我接過佢手上嗰兩罐酒，就去咗收銀畀錢。

佢喺佢個袋裡面不停咁搵，好似想搵個銀包出嚟。

我就同佢講：「唔使。」

佢話：「唔好。」

我話：「少少錢由佢。」

於是佢就放棄，放返低個袋。

阿怡同我講：「多謝。」

「唔使客氣。」最後我話。

佢一路行、一路飲，我哋又一路開始講吓廢話，可能會講吓Stephanie、講吓西牛，講吓佢哋嘅一啲趣事，我哋係點樣認識……話題諸如此類，阿怡越飲越急。我叫佢飲慢啲，唔好飲咁急，佢無理我。

臨截的士前，路口有間七仔，於是我哋又買酒，佢繼續飲，我畀錢，佢話唔好，我話唔緊要。我哋飲到醉醺醺，路邊吹過涼風陣陣。喺馬路邊上我遞起隻手，一架又一架的士駛過，上面都載咗乘客。

阿怡繼續飲，然後佢一個人行開咗，粒聲唔出。我怕佢有事，所以跟住佢。佢好小心行出一條直線，勉勉強強，腳步都撐得住。我上前將佢扶住。佢向住七仔行。

佢無講啲咩嘢，我都無。

我扶住佢走入去，佢揀完酒一手就塞咗畀我，我就拎去畀錢。我幫佢開埋個啤酒罐，就成支酒畀咗佢。

順便我買咗包煙。

咔嚓——噹——

呼——

一縷煙就飄上天。

佢撓住我手臂，佢問我：「你係咪食煙？」

我望吓自己手上嗰支煙，我諗咗陣。我話：「好似係。」

佢話我：「你個樣唔似。」

我話：「依啲嘢無得睇樣㗎喎。」

佢挨住我：「唔好食啦。」佢話：「戒煙啦。」

我同佢講：「唔好，唔得嘅。」我話：「戒唔到㗎。」

佢問：「你唔試吓點知？」

佢伸手想搶過我支煙。

「唔得。」我伸手，拉開。

佢伸隻手過嚟想拎，我擋住佢。

「唔畀。」我話。

最後佢放棄。

佢話：「你好臭啊。」

佢仲話我：「你好污糟。」嗰時，佢攬住我。

呼——我又吐一口氣。我向馬路嘅遠處望，目光所及一架的士都無。阿怡望住一團上升嘅煙圈。

佢問我：「做咩你要食煙？」

我講笑咁話：「型吖嘛，威吖嘛。」

佢唔信我。「我先唔信你啊。」

我話：「真係咁。」

佢話：「無你咁好氣。」

我吔沉默。

佢繼續問：「點解？」

「我唔想講。」我淨係同佢講，叫佢記得：「總之千祈千祈唔好食煙。」

「哦……」佢低沉咁答咗我一聲。

我笑咗笑，跟住我扮農夫，唱咗首《偉大航道》畀佢聽：「因為你想像唔到佢有幾難戒。」我仲搭單唱咗首廣告歌送畀佢：「食煙嘅你，真係唔係幾正。」

我哋截車、截唔到、去買酒、又截車，不斷喺依兩個動作之間來來回回、來來回回，好似跌咗入漩渦裡面。佢越飲越醉，我理解唔到點解佢要咁做。

我講笑咁話：「我係個危險嘅陌生男人嚟㗎喎。」

佢無理我，又飲咗啖酒。

我問阿怡：「你係咪有咩事？」

佢話：「無。」

我再問佢。佢堅持話無。然後佢終於無再喺依個話題繼續再講。於是到我鬆一口氣，終於都可以放鬆落嚟。

佢挨住我，佢話覺得我「好好人」。

我諗極都唔明。「我」、「我手上嘅依一支煙」、以及「好人」依三樣嘢到底有乜嘢關係。

我懶搞笑咁，用鄉音同阿怡講：「你知道嗎？查實我係個大仆街喔！」

點知阿怡話：「你都唔似。」

「我無呃你㗎喎！」我答。

「邊有仆街會話自己仆街！」佢好有自信咁同我講，佢堅信我係一個好人。佢仲話：「感覺你好善良啊。」

「咁快派好人卡畀我？」我問。

我行過去，攬住佢，臉頰掂住佢頭頂。佢啲頭髮好咭，不過有一刻，我好似感受到佢心跳。我同佢講：「不如小姐你畀個機會我追下你先吖。」

阿怡佢笑笑，「我識咗你一晚咋喎，咁就追我㗎喇？」

「咦，係喎。」我話：「原來一晚㗎咋喎。」

十月初嘅依場雨好似落咗一百年咁耐，又好似只係落咗一陣。依一場雨，令我感覺就算無人擔遮，都無乜嘢真係會畀依場雨㨂爛或者㨂濕而導致報廢，但依一場雨又實實在在咁落過，雨點落喺皮膚，我哋都會覺得凍，即使行一小段路都覺得沉重。

我隨口噏咗句：「唔講以為有一百年咁耐。」

「我真係覺得你係個善良嘅人嚟。」佢話。我咁大個人，第一次聽過有人會喺日常對話到用「善良」依兩隻字。佢用力

撓實我，合實對眼，好似喺我膊頭上面差唔多要瞓著覺咁，阿怡佢話：「我估。」

「我諗你應該估錯。」我答。

一支煙，我手一彈，就灰飛煙滅。僅餘嘅最後一絲煙，我分唔清嗰啲係雨係煙抑或係霧。接落嚟我同阿怡兩個人沉默。我淨係見到佢撓住我嘅時候，佢慢慢咁合上眼。

明明我第一晚見佢，佢竟然會信我。

終於有一架的士願意喺我哋面前停低。我打開門，扶佢上的士，坐好，阿怡已經挨住我膊頭，兩隻手仲揸住個無酒嘅罐。

我心裡面忽然有憐憫。

我：「司機，XU 宿舍吖。」

佢身上噴咗香水，我好鍾意佢陣味，清淡嘅花香。我唔會知道係咩花、唔會知道香水嘅牌子，但嗰一陣味，靜靜咁留咗喺我腦海入面。

司機：「嗯。」

本來上車嗰時佢仲瞓喺我膊頭上面，但沿途經過街燈、經過樹、經過欄杆，佢慢慢咁跌落去，慢慢就挨住我心口。我好辛苦先托得住佢。

## OCTOBER

阿怡：「阿翔。」

車停定喺宿舍大堂門前嘅時候已經差唔多清晨，我畀完錢，打開門，扶阿怡起身，一步一步咁行入去。阿怡飲到好醉、全身無力。佢喺依段返嚟宿舍嘅路上，好似一直特登要灌醉自己咁，我唔敢去估個原因。

總之，嗰一晚我同咗阿怡做愛。

嗰一晚將阿怡壓住，我思考嘅係到底佢今後會唔會變成一個同我一樣嘅人。本來我應該好好反省，但嗰晚我一啲咁做嘅意思都無，欲望壓倒咗理智。

佢攬住我嘅時候，喺我耳邊呼吸。我瞓喺佢胸脯上面，月光斜照，牆上拉出一道影。我聽住佢嘅心跳，手指放喺佢內褲嘅邊緣。慢慢佢壓低呼吸嘅氣聲，周圍寧靜到，可以清楚聽到毛毛細雨落喺宿舍窗戶玻璃上嘅「嗟嗟嗟嗟」聲。我哋沉默咁愛撫，聽住雨水一點一點打落嚟。

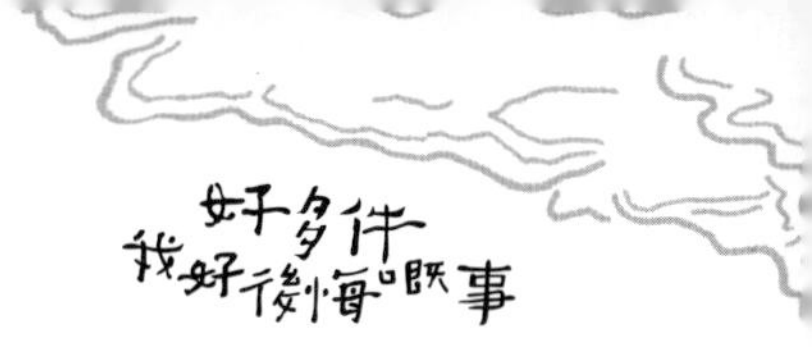


間房係二人房，右手邊係我，左手邊係西牛。記得以前西牛同我講笑，話如果帶女人上嚟做愛可以上去佢張床到做。如果張床有其他女人喺上面畀人屌過，就會好似畀赤裸嘅女人包圍住咁，我話佢好變態，佢求求其其笑咗笑，就無咗件事。

我跟住西牛嘅意思做。

我拉高阿怡嘅連身裙，佢撳實我隻手。佢揸住我手腕嘅時候，我感覺到佢隻手有少少凍。

佢問：「你係咪真係鍾意我？」

我答佢：「係。」

佢問我：「定你係呃緊我？」

我「嗯」咗聲。阿怡深呼吸，無再問落去，我都無再答佢。

剩低記得嘅，係我下句說話就係喺佢耳邊叫佢「唔好出聲。」佢慢慢無再反抗。

我不斷咁錫佢塊臉，去到佢條頸，我喺佢身上不斷咁磨。好似一隻狗，攬住一團肉。佢兩手放喺我背後，佢攬實我呼吸越嚟越急。然後，佢錫咗我一啖。酒氣彌漫，佢好暖。

突然發覺佢一攬住我嗰刻，依個夜晚就好難完結。我哋赤裸相見，喺西牛嘅被竇裡面。

OCTOBER

我同西牛都係永遠唔會執嘢嘅人。結果我哋間房全部都係雜物，幾個紙皮箱、好多疊散亂嘅廢紙、散亂嘅 Notes、散放嘅酒樽、幾包食過嘅薯片同蝦條。外套隨便疊喺依一堆嘢上面，書枱前面有一張櫈，上面一樣放滿衫褲，疊到好高。

我順住阿怡嘅頭髮向下掃，摸向佢嘅眉、佢嘅眼角、佢塊面。我進入佢裡面，佢又將我攬得更實。我耳朵靠住佢嘴邊，細聽佢嘅呼吸。

我話：「我好鍾意你。」

我分唔清佢「嗯」嘅一聲係呻吟抑或答應，或者根本毫無分別，我諗我哋都知道，未來唔會再有任何一件同今晚相關嘅事發生。最後我淨係記得，阿怡嘅身體好暖，我完全感受住佢嘅體溫，佢捉住我隻手，向住胸脯，我對手跟住喺佢嘅胸上撫摸。

佢嘴唇好軟，我又錫咗佢一啖。

一掂到佢，我哋就相擁依偎，我攤軟喺佢赤裸嘅身體上面，同佢親吻咗好長一段時間。佢一手捉住我條腰，雙腿兜到我後腰，慢慢，佢兩隻手又抱到我後頸。佢好似清醒，又好似醉。我個心好似被人捏實，依種感覺前所未有。

佢喺我耳邊同我講：「我好驚會變成同你一樣嘅人。」

「咁你覺得我係咩人？」我問。

我按住佢條腰，向更裡面挺進。

「嗯……」佢答。

我避開佢嘅視線，望向床角，一眼都唔敢望佢，只敢呼一口氣，繼續進入去佢嘅更深深處。不過越係咁來來回回，我就越係聽到佢喺我耳邊呼吸，越係覺得心痛。而當我意會到自己心痛嗰時，我又更加覺得自己噁心。

直到嗰晚由深夜變成清晨，直到佢全身赤裸瞓喺我嘅側面，直到佢瞓著。我下巴掂住佢頭頂，瞓喺同一個枕頭上面，胸膛感受住佢嘅呼吸，我竟然徹夜無眠。

如果佢大喊一場、打我一巴、鬧我一句仆街、周圍唱衰我、唱到成個宿舍嘅人都會指住我鬧……或者應該係話「無論如何」，我都一定會比聽到佢話「你係一個善良嘅人」嚟得更加好過。

## OCTOBER

清晨日出無耐，我哋瞓咗只係兩三個鐘，一樣唔太瞓得著。淡黃色嘅光由百葉簾嘅縫隙透入，陽光照向佢嘅皮膚上面，我伸手掂向陽光，掂向佢。

阿怡問：「你係咪無瞓過啊？」

我答佢：「唔係。」

我哋沉默。

「咁我走㗎喇？」阿怡話。

佢等咗一陣，好似喺度等我答啲咩咁。我攬住佢，好用力咁攬住，攬咗好耐。我咩都講唔出，唯有放手。

佢褪開赤裸嘅身軀，手向被竇裡面延伸，直到喺被竇之中搵返佢條內褲，喺被竇之中將佢著好，然後佢企起身。我望住佢嘅胸脯，佢一面低頭望住我，一面戴好佢嘅胸圍。

突然，「係呢。」佢開口說話。

我瞓喺床上面，望住佢，我「嗯？」一聲，等佢講落去。

阿怡佢兩隻手兜到背後，扣到 Bra 扣，佢問我：「我之後仲可唔可以搵你？」

清晨外面嘅雀唱起歌，飄嚟雨後泥土嘅氣味。我一直沉默。

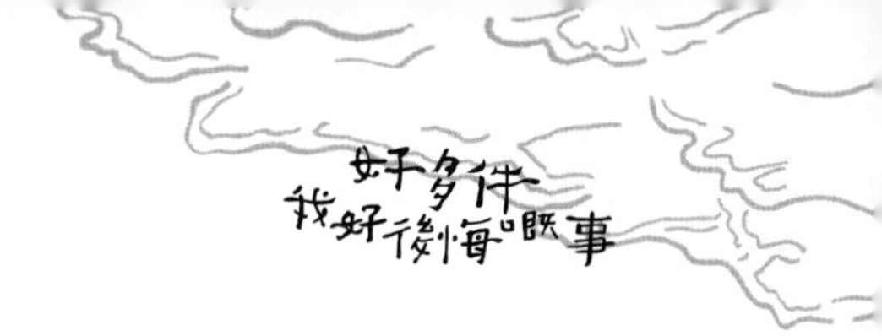


「算啦。」佢話：「唔緊要。」

「唔好記得我。」我問佢：「得唔得？」

「我係第一次同陌生人……」佢話。

係，我係陌生人。

「對唔住。」我話。

「我唔係咁嘅意思。」阿怡答。

我想問佢點解會飲到咁醉……意思係，佢好似係特登飲到咁醉。而當我望住佢將頭髮圈到耳後，當我見到佢笑，我就收起問題無再問佢。雀仔嘅歌聲，清晨嘅風，天慢慢咁光。阿怡再著起琴晚嗰條黑色連身短裙，手繞到背後，拉起拉鍊。

我話：「依條裙真係著得你好靚，好好睇。」

「多謝。」佢瞇起眼，對我笑。阿怡話：「你真係好識講嘢㗎喎。」

阿怡走到窗前，轉動百葉簾，外面嘅陽光一間一間咁透入嚟。整間房嘅一切，先至由夢境拉回現實。

「我走喇。」阿怡講完，就擰轉身。佢一個人走到門口前面，慢慢著好佢嘅高踭鞋，綁好條帶。

「拜拜。」佢嘅背影同我講。

「如果可以嘅話……」我話。佢隻手按住門柄，連時間都好似停頓落嚟。我諗咗好耐，我應唔應該同佢講——如果可以嘅話——我哋可唔可以再見？

佢無繼續行，但亦無回頭，一直定格喺度。

點知，結果我都係無膽許下任何承諾。

「拜拜喇。」佢拉開門，走廊傳嚟日光，然後日光跟住關上嘅門而收窄，呯一聲，光消失，阿怡跟著消失。

我點一支煙，深深咁吸，深深咁呼，凝望向上飄升嘅煙。依次係我第一次意會到，自己根本同垃圾毫無分別。又可能，我一直都會咁樣繼續衰頹落去。

一直都係咁。每一件事，每幾日，甚至每個夜晚我都會故作感慨，之後瞌埋眼，辛辛苦苦咁醒住瞓著，瞓到再撐大眼，然後瞓醒，所有嘢同以前一樣。有時，人自暴自棄到一種地步，會連自己都知道自己自暴自棄。

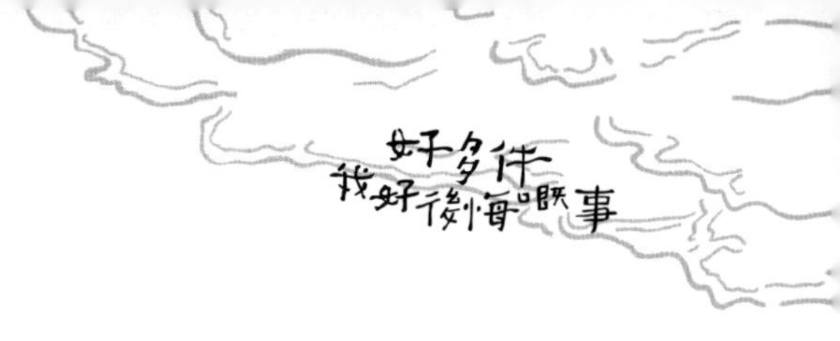

第二朝，準確嚟講應該係同一日嘅兩點半鐘，我起身先見到家雯又 Whatsapp 咗我，不過我掉開咗部電話，無再理佢。

而我再喺張床到由兩點半碌到三點，西牛先至返到嚟。一聽到佢嘅開門聲，我即刻縮返個頭入被竇。因為我知道，佢一返到嚟一定會兜嘢拍落我個頭。

啪！西牛一嘢拍落番被到，大聲咁問：「阿翔！我問你！」

「咩啊又？」我喺被竇裡面答。

西牛：「有無喺我張床到扑嘢！」

「無啊屌你！」我答。

西牛聽到之後好似好失望咁：「喂啊你幾時先肯聽下我講？」

我唔知點答佢好，所以我話：「下次啦，下次我會㗎喇。」

佢聽到我咁答，就好興奮：「啫係琴晚你有食佢啦！」

我再拉高番被，扮到聽唔到佢講嘢。佢一手拉返張被落嚟，我個頭就暴露喺空氣之中，冷氣好凍。我推開佢隻手，拉返高番被，繼續瞓。

佢大聲嗌：「啫係有帶人上嚟啦！」

我無答佢。

「阿怡正唔正啊喂！」西牛追問。

「唔知你講咩。」我答。

佢陰陰嘴笑咗幾下，又一嘢拍落嚟：「衰仔！呃臭我？！」佢一路打、一路鬧，「你呃臭我？！呃臭我？！」

「無啊！」我叫住佢：「我送咗佢返房啊！」

西牛停手，佢諗咗一陣，然後問：「佢邊間房啊？」

我唔知。西牛等咗好耐都聽唔到我答，就伸手捉實我膊頭：「衰仔你唔好扮瞓啊吓！」

我繼續扮瞓：「啊……你講咩話……？」

「你都唔知人哋邊間房！」佢又拍拍我：「你點送人返房啊！」

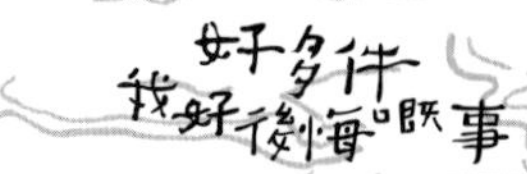


佢終於都無我咁好氣，頂我唔順。西牛直接叫我講：「你講！射咗幾多次！」

我掩住雙眼，向住天花板仰睡，午後嘅陽光照到我嘅眼睛，我都慢慢咁清醒過嚟。

「你答我！阿怡淫唔淫！」西牛：「喂……斯斯文文啱晒你口味啦！」

我笑咗笑。

西牛：「仆街！睇你個含春樣！」

佢一手捉住我個頭喺咁搖。

西牛：「你講！阿怡咩 cup ！」

我推開佢隻手，擋一擋佢，佢就收聲等我答埋落去。我乾咳咗聲，我話——

「C。」

西牛佢興奮跳起，好似踢波入咗波咁，佢握拳大叫一聲：「GOALLLLLLLLLLL ！」尾音拉到好長。佢作勢同我擊掌，我跟住佢，頹廢地揚起一隻手。

啪！

西牛：「阿翔好波！」

「唉——」我叫住佢：「唔好講衰嘢啦喂。」

西牛：「阿怡淫唔淫！爽唔爽！」

昨夜一切都刻喺我腦海之中，佢胸部嘅柔軟、喺我懷中嘅暖意、我用力攬住佢嘅實實在在。

「咁爽就好爽嘅——」我話。

佢又一手拍我個頭。

我鬧佢：「唔好成日拍我得唔得呢喂？」

西牛佢又陰陰嘴笑話：「我下次唔帶女畀你啊吓！」

「好啦咁你拍啦。」我答。

跟住我哋就一齊捧住個肚，不停大笑。

二話不說，佢又一嘢拍落嚟：「哈！睇你唔出你都有返咁上下仆街㗎喎！」跟住佢仲問我：「下次你要咩類型？」

「我要斯斯文文、有啲怕怕醜醜嗰啲。」我話。

佢鬧我：「好難有依啲㗎喎！」

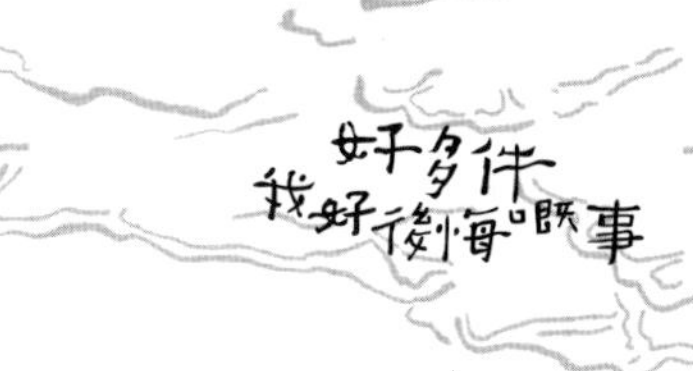


講講下，又好似真係咁。

「哦，」聽到佢咁講，的確有少少失望，於是我話，「咁唔緊要啦。」我同佢講：「求其靚靚女女正常有胸都得。」

「屌，咁樣易好多。」佢點下頭，鬆一口氣。

西牛仲話會幫我問吓 Stephanie 有無啲咁樣嘅朋友，「再唔係我帶你去第到玩都得啦！」佢話。

「細佬我以後跟你搵食喇西牛哥。」

我同西牛又一下擊掌。

我同 Roommate 嘅深厚友誼，其實係建基於不斷同唔同嘅女人做愛。我諗依啲應該算係共同興趣。

佢喺房到 Hea 咗陣，我又瞓多咗陣，之後佢就行去枱前，執咗陣嘢，將啲書啊、Notes 啊放返入書包，拎咗個水樽，放埋入去。佢有佢執嘢，我有我面對牆壁擘大眼瞓。回想尋晚，我竟然會畀人話「好善良」，諗返都覺得白痴好笑，我竟然畀人當係好人。唔知我咁樣算唔算係收咗好人卡呢？但係，偏偏因為咁，依一件事先好似一直揮之不去。

「係喎喂，你同條女散咗咩？」西牛佢問。

「未散啊。」我答佢。

「未散？」佢問我，「啫係會散啊？」

「散緊啦。」我話。

「哦……好啊。」佢話。

跟住我哋一齊靜咗落嚟。

「做咩啊你哋？」西牛問。

「唔鍾意咪散。」我話。

西牛當堂嚇一跳：「你唔係一晚就鍾意咗阿怡吓話？！」

「唔會啦。」一晚？一個月我都無鍾意過，好難想像我會因為一個夜晚而鍾意一個人。「玩吓就算喫啦。」

佢豎起隻手指，指住我，點幾點，「認清你條仆街啊我終於。」

「總之你下次有咩玩叫埋我啦。」我話。

「得啦。」

西牛執好個袋，將佢揹好。

「喂！」我向佢伸出手：「你去邊啊？」

西牛佢話：「我去上堂。」

「咩話？！」聽到我擘大個口得個窿：「你做咩上堂啊？！」我好擔心西牛佢係唔係有啲咩事，係唔係有乜嘢睇唔開呢？我問佢：「你琴晚係咪受咗啲咩嘢刺激？」

「嗰堂要點名啊！」西牛即刻鬧返我轉頭：「瞓啦廢青！」

跟住落嚟我哋大家指住大家笑。

「你老母……」我鬧佢。

「你拎去啦！」佢仲問我：「幾時上？」

「仆街仔。」我哋嘅對話，就係不斷咁我笑下佢，佢又笑下我，「大家咁話。」

跟住呯一聲，佢就閂門行出去。

我將番被拉返落嚟，刷個牙，踢對拖鞋，跟住拎個烏冬出嚟，煮咗畀自己食，加啲芝麻醬，撈混佢，我就將碗碳水化合物倒入肚。我食飽嗰陣，係下晝嘅四點半鐘。

「阿翔啊，你記得你約咗我㗎可？」

我再睇到家雯嘅 Whatsapp，亦都係好耐之後嘅事。

「記得啊，緊係記得啦。」我回覆。

其實我一啲印象都無。

「我哋今晚去食壽司好無？」佢問。

「好，你鍾意。」我答。

「七點鐘，尖沙咀等好唔好？」佢問。

「好。」我回覆。

家雯輸入中……

等咗陣，佢個名下面閃嚟閃去都係咁樣嘅一行字。

家雯輸入中……

佢同我講：「我有啲嘢想同你傾吓。」

「好啊。」我回覆照舊。

跟住佢無再 Send 過 Whatsapp 嚟，好彩，我諗，然後繼續將部電話放埋一邊，開始我原本嘅工作。之後我會寫個搞笑故事，令所有人笑。可能喺「我會令人笑」依一點上，我的確有少少想做下好人嘅傾向？可能阿怡佢係咁嘅意思？除此之外，「善良」依兩隻字落到我心底裡面，有啲無處容身。

已經試過好多次，抱住一種「出發去分手」嘅心情同女人食飯。

嗰晚食飯佢無咩講，我都係，所以好靜，清楚聽到隔籬枱嘅人講緊啲乜，仲有遠處跌咗隻杯落地嘅聲。我哋之間最大限度嘅交流，係我問佢食唔食手卷，佢話唔要，同埋佢叫我遞隻杯畀佢，我遞咗畀佢。最後嗰餐我請咗佢食，當係多謝依幾個月佢陪過我又好、當係賠罪又好。

我哋食完飯，喺尖沙咀一條車來車往嘅馬路側邊一直咁行。佢話想去海旁，雖然我唔係幾想但我都係同咗佢去。沿途我哋走過馬路，穿過隧道。海風好涼，海邊嘅夜晚有人唱歌，感覺好悽愴，好似要死一樣。

行行下佢同我講：「我唔想咁。」

兩個人一言不發咁行，多數會係個女人首先頂我唔順。

「嗯。」

佢質問我：「依家係咪我做錯咗呢？」

「錯咩啊？」

「我想你陪多啲我咋。」

「我都係返吓工啫。」

由唔知幾時開始，我講大話已經講到入骨入血，好似「我返工」嘅事真係發生過咁，一眼都唔眨。

佢問：「你依家連夜晚都要開工啊？」

我諗家雯應該係同我講緊琴晚嘅事？我同佢講過我咁遲起身，係因為琴晚返工。如果佢知道我其實係同緊第二個女人做愛，一定會好傷心，我諗。

「係啊，朋友介紹吖嘛，返夜搵多啲。」

而矛盾係我竟然會抱住一個唔想令人傷心嘅心到處傷人，仲要好似白痴咁不能自拔。

「做咩㗎？」佢問我。

「酒吧囉。」我求其諗咗一個夜晚會開嘅地方答佢：「你當係做侍應。」

家雯話：「不如你返少啲啦好無啊？」

「唔返工我邊有錢啊？」我反問。

「你以前覆得我好快㗎，又唔會無啦啦自己走咗去唔見咗人……」

「我要做嘢㗎喎。」

求其喺條街到兜個圈都可以搵到個比我好嘅男人，我諗唔明點解會有女人鍾意我。理論上，女人應該越嚟越唔鍾意我先係，但依種情況我又好似從未試過，咁實在令人有啲苦惱。

講講吓佢就好似想喊：「我知……」

「你話我哋無未來吖嘛。」我話。

然後佢真係喊：「我唔係咁嘅意思……」

講啲我哋之間無法解決嘅問題，咁樣分手會順利好多。

我扮到好無奈咁笑：「我連自己鍾意做嘅事都無做喇喎，你仲想我點？」

佢沉默不語，只能啜泣。

「對唔住。」佢話。

女人唔理咩事都會覺得係自己錯，就算無做啲咩我喺佢哋印像中總係會做咗好人，有啲唔好意思，但我人生都因此方便好多。

「其實咁樣我哋大家都辛苦，不如算啦好唔好？」我問。

一聽到「不如算啦」之後，佢就好似失咗控咁。

佢鬧我：「點解兩件事唔可以平衡啫！」

無啦啦彈個咁嘅詞出嚟，我內心打咗個冷震。

「平衡唔到㗎。」我話，盡力壓下內心嘅笑。

「你可以晒咁多時間做埋啲『唔等使』嘅嘢，你唔可以陪吓我嘅？！」

佢口中「唔等使」嘅範圍，當然包括我寫緊嘅依篇小說，以及其他一切相關嘅事。

「你估我唔知咩？你邊有咁多工返啫，但一收工你又匿埋寫小說，你有無當過我係你女朋友㗎？」

聽到佢咁講我即刻放心好多，佢覺得我係去咗寫小說，起碼佢分手之後會容易恢復啲。我諗。

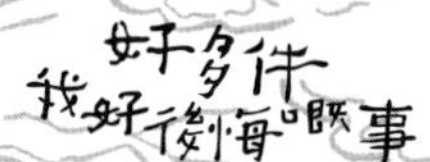

我反問：「所以你淨係想我返工，跟住一收工就畀晒啲時間你？」

「都唔係好似依家咁吖？」佢鬧：「咁你做埋啲嘢真係搵唔到食吖嘛！我無講錯㗎喎！」

再講都係廢話，我淨係想將話題引導返去「分手」上面，直接結束依晚，早啲返去瞓。

「咁你依家要未來定要時間吖？」我問。

「我唔知啊！」佢大嗌，眼淚就不斷咁流：「我唔知啊！」

我望實佢。

佢繼續喊住鬧：「我淨係唔想為咗依啲咁嘅嘢分手咋！」我仲記得，佢望住我嘅嗰一對眼。佢問：「點解唔可以傾吓啫？做咩一嚟就要同我講分手喎！」

我無試過同女人鬧交。

「我無試過同女人鬧交。」

我唔認為兩個人之間有乜嘢好值得鬧，啱就一齊，唔啱就分，鬧交根本毫無意義，只不過係喺度浪費時間，你又要諗點樣鬧我，我又要諗點駁返你，戇居。特別係，如果已經同過依個女人做愛，對我而言，其實分唔分手都無咩所謂。

我同佢講：「我唔想同人鬧交。」

「我知啊！」佢依舊喊住咁鬧。

但因為咁，我竟然一直都被每個同我分手嘅女人認為我係個好人，而且變得越嚟越好，對此反而教我於心有愧。好人？無啦啦，好乜嘢人？

「咁一段關係就係要緊張先會鬧交㗎嘛！」佢話。

係我未試過對過啲咩人緊張。

「係我有問題。」我話。

如果將 100% 精力放喺一個人上面，佢一走就會拎走我 100% 嘅精力，一世都拎唔返，到時下場一定好慘。所以，一見到有人講「我好愛你」，或者每當見到有人竟然願意同一個女人結婚、簽紙，我簡直覺得不可思議。點解有人可以咁白痴？

佢反駁我：「依家唔係邊個有問題嘅問題啊。」

我沉默。

「做咩我哋要搞到咁啫！」佢話：「真係好小事之嘛……」

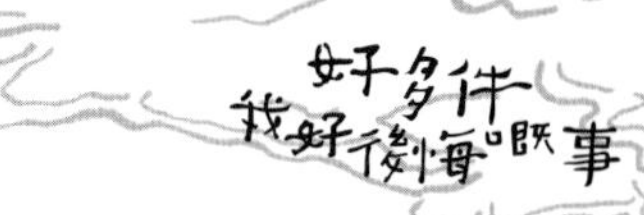


我哋企喺海邊，背後經過幾個揸住酒樽嘅鬼佬。佢哋好嘈，講咗好多句我聽唔清嘅說話。家雯抹抹眼角嘅淚。我遞咗張紙巾畀佢，佢無接，自己喺袋拎咗一包出嚟。

「你係唔鍾意我啫，係咪？」

係，一開始就係。

「你唔鍾意我點解你唔照直講啫？」佢問。

如果係一段關係去到中間先至無感情，咁大可以去到中間就講出嚟。但如果從來都無感情呢，咁就由頭到尾都唔可以講。

「唔係，我係覺得我哋唔夾啫。」我嘗試微笑，搭住佢。

「咁點解你唔一開始就講喎！」佢一手撥開：「我哋唔係第一日因為咁鬧交㗎喇！」

佢一路喊，一路鬧。

佢鬧我：「你當初做咩要追我啫！」

佢鬧我：「你要咩要哋我開心成日嚟接我放學吖！」

佢鬧我：「你做咩啊！你答我啊！」

佢鬧我：「你做咩突然間要同我分手啫！」

「我諗……」我諗，我哋中間有成個禮拜無咩點連絡過，我以為佢應該點都有啲心理準備，「我諗都唔突然㗎喇……」

「你做咩要等到我鍾意你先同我講分手吖！」

我望住佢啲眼淚，望住佢眼睛裡面嘅我。路人行過就望下我哋，而當我岳高頭，佢哋就會避開我嘅視線，望返前面繼續行。跟住我就唔敢再望家雯。

拍拖最麻煩嘅事莫過於分手。記得以前我會用電話，最離譜試過 Whatsapp、短訊，最後我決定點都要當面講。好似做完一場戲，就算係幕後都好，到最後都一定要出嚟向觀眾謝一謝幕。

我謝幕：「有大把男仔好過我啦。」

「我覺得你係好特別㗎……」佢話。

「見多幾個我就唔特別㗎喇。」我微笑：「一眨眼你就會唔記得我。」

佢無答我。

我話：「你搵你鍾意嘅人，我繼續做我鍾意嘅嘢。」

「你講咩啊……」

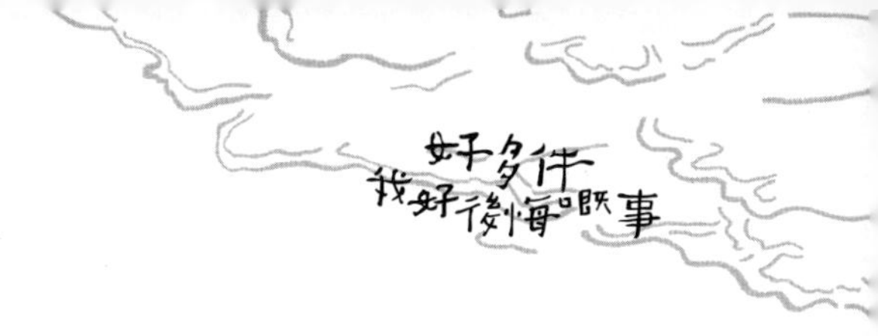


「我哋分手啦。」

佢繼續喊。

「係我錯，對唔住。」我循例道歉。

「對唔住無用㗎。」佢話。

我送咗佢去搭車，我盡可能扮得惋惜，扮得傷感，喺佢面前，喺架車嚟到之前我都扮到好唔捨得，自我欺騙到我眼睛好似真係有淚水咁。我瞇起眼望住佢，等到架車嚟到，目送佢上車嘅背影，目送佢走上巴士嘅上層。我一轉身，巴士開走，我先鬆一口氣，點咗支煙，行去向山一面嘅欄杆邊，一呼氣，情不自禁咁笑咗下，內心有種「搞掂」同「甩難」嘅快感浮咗上嚟。

而當我意會到自己喺度笑嘅時候，我諗，我可能連人都不如。

後來加上屋企嘅關係，我無再寫小說，好似連身體裡面僅餘一點「似返個人」嘅地方都跟住腐爛。人唔似人，鬼唔似鬼。

我喺宿舍住嘅時候，每個星期都會返一次屋企。如果可以當然最好一世都唔再返去，但事實係我完全無法做到。

屋企每個星期都會畀五百蚊我。

所以我先會話唔返去唔得。每個星期，我就係咁死慳死抵，等到生活走入貧困交迫嘅境地，我先會返屋企，去拎依五百蚊。雖然有時會有啲版稅同投稿嘅收入，可以維持我兩至三日生計，但係捱到第四五日，一切就會打回原形。

我諗家雯唔鍾意我寫作，其實有佢嘅道理。

日子一日一日過去，屋企裡面無人睇得起我，我諗都係理所當然。有時自覺卑賤到一種地步，我返去嗰陣已經連嘢都唔敢講，入門口放低鎖匙，都要特別細力。我會慢慢咁趟開鐵閘，側身入去。

我屋企有三個人，我、阿爸、阿媽，阿哥家姐已經一早搬咗出去住。佢哋無明言，但我諗佢哋應該知道我係因為使晒啲錢先至會返去。

好似以前好多個週末一樣，我返到屋企，推開屋企大門，阿媽一如既往眼尾掃我一下，然後繼續做佢做緊嘅事，有時洗碗、有時拖地，唔會理我。成個屋企，因為連我自己照鏡都無辦法對住自己笑，所以成間屋，得返阿爸一個會對住我笑。

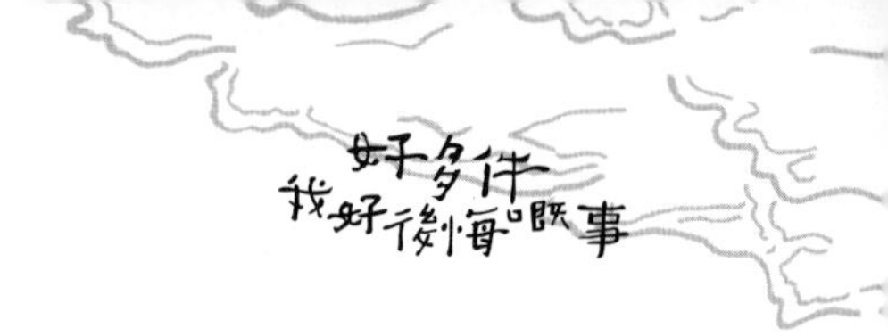


阿爸係個地盤工人，今年六十。如果嗰日放假，一返到去就會見到佢挨住張梳化睇電視。

佢頭頂嘅頭髮半禿，黑色頭髮圍咗個地中海出嚟，有少少反光。因為工作關係，佢曬到好黑。額頭幾道皺紋，一笑嘅時候就會好深，佢眼白有啲黃，每次望到佢眼睛都總覺得佢裡面有淚，但佢每次都笑。

阿爸會笑住咁問我：「你讀書辛唔辛苦？」

我會緩慢低沉咁答：「我唔辛苦。」

我一路答，一路行入房，放低我個袋。

阿爸佢叫我：「唔好咁夜瞓。」

「邊得吖。」我盡力拉起笑臉，「大學好多嘢做㗎。」

佢一路睇電視，一路懶懶閒咁話：「啲嘢邊做得晒。」佢仲叫我：「你要早啲瞓。」

「嗯。」我點頭。

嗰時阿媽喺廚房煮緊飯，開大個抽油煙機，油喺鑊上面不停咁彈，佢唔會聽到我哋講緊乜嘢。只係會有啲電視上《城市論壇》嘅阿伯大叫聲。

## OCTOBER

阿爸問：「你夠唔夠錢使？」

我答唔出夠，又答唔出唔夠，唯有避開佢視線，望住部電視。屋企部電視放喺窗前，所以喺電視背後，就係窗外正午嘅耀眼陽光，同埋對面兩棟高樓間隙中間一小格嘅「海」。

「嗯。」我答。

阿爸無再出聲，伸手拎咗個腰包上手。腰包上滿布泥污，全部都係佢工作嘅痕跡，連一對手都起晒繭。佢拎個銀包出嚟，喺裡面一次過畀咗幾張五百蚊我。應該有五千蚊。

「唔使咁多……」

「唉啊！男仔無兩個錢砸喺袋點得嘅呢？」我阿爸話我：「拎住啦！」

「真係唔使咁多㗎……」

「快啲啦！陣間你阿媽出到嚟又哦你㗎喇。」

我哋一齊望向廚房，係阿媽嘅背影，以及佢炒餸嘅煙。

阿爸話：「我自己仲有得使啦。」

「真係唔使咁多……」我話，但我望住佢手上一疊厚厚嘅五百蚊紙。

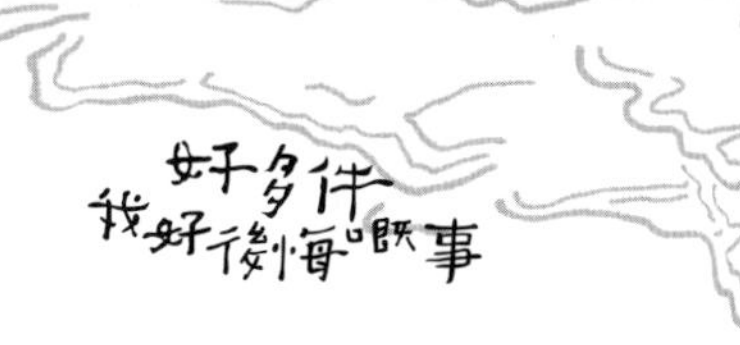


「老細出多畀我㗎。」佢將錢推到去我眼前：「你袋住啦，你使唔使都好喇。」

「唔使……」我越推卻越膽怯。

有一刻我真係想一手就收咗佢。因為一收起佢，我一連幾個禮拜就可以唔再返嚟，一個月嘅生計，總算一下子就解決咗。

當時我面對阿爸，只能支吾以對。

「咁一半喇。」佢一手喺疊錢到數一數，數咗一半出嚟，二千五百蚊，塞去我手上。佢話：「你唔夠再同我講啦。」

我已經握住咗佢手上嘅錢，雖然係紙，但好重。我懦弱而低微咁細細聲同阿爸講咗句「多謝」，除此之外，我無以為應。

阿爸佢仲千叮萬囑我：「你唔夠一定要出聲啊吓。」

我耷低頭，無地自容，喉嚨勉強壓出一聲「嗯」，之後我久久無法講出一句有意義嘅話。我捉住嗰幾張五百蚊紙，抬唔起頭，眼淚停喺眼眶，一眨眼就要流，喺一個咁樣嘅邊緣上。

「你幾時寫下本書啊？」阿爸搭住我膊頭。

「出書無用㗎。」我話。

「幾叻仔吖。」阿爸又露出佢一排蛀晒黑色又唔整齊嘅牙，對住我笑。

我阿爸啲牙，一早爛得七七八八。細個佢好貪玩，撞崩咗隻牙；大個啲又成日唔理啲牙，爛牙又無錢補，所以裡面就慢慢咁爛；我最記得係有一次，嗰時我小學五年班，佢去咗澳門做黑工，地盤做嘢嘅時候有條鋼索斷開咗一邊，直飛向我老豆，佢僅僅避得開，但打斷咗佢一隻牙。嗰次，阿爸差啲死。

我好鍾意佢，但我講唔出，我甚至一件事都幫唔到佢做。我淨係喺佢手上拎咗幾張五百蚊紙，用佢嘅錢上到大學玩咗四年。

「我同我啲工友講我個仔出書啊……」阿爸越係講起「佢個仔係作家」，佢就越講得興奮。「佢哋個個都話你叻仔㗎！」佢依舊一面笑，一面搭住我膊頭，佢竟然好開心，好自豪咁望住我：「畀心機啦。」

我拉起笑容，岳起頭，等阿爸見到我笑：「寫嘢賺唔到錢㗎！」

阿爸一時之間都答唔到乜。

「依啲玩吓就得。」我盡可能地，勉強咁笑：「同人哋打下機、打下波咁差唔多㗎咋。」

阿爸佢輕輕「哦……」咗聲，諗咗陣，佢都係堅持咁同我講——

「出書好叻吖。」

「靠寫書？」我同老豆講笑咁話：「餓死老婆瘟臭屋啦！」

「緊係啦！」阿媽突然插一把口埋嚟。阿媽煮完飯，拎住啲餸行出客廳，佢一路拎、一路鬧：「係咁叻又唔見個衰仔會拎錢返屋企！」

「賺唔到好多㗎咋…」我無奈咁答。

「賺唔到又日日做？！」佢鬧我：「你個衰仔去幫人補下習啦！搵份工做下好過啦！」

我答唔到佢。

「正正經經打份工賺錢啦！」佢繼續鬧。

佢鬧得興起，就無再理我。佢指住屋企裡面嘅櫃，指住上面啲書就鬧：「你最叻咪買買埋一堆嘢放晒喺屋企囉！」

嗰疊書一式一樣，全部叫做《二十一二的少年》，係我用「飛翔的狗」依個名第一本被出版社出版嘅書。

「唔係買㗎。」我話。

「我理得你吖！」佢繼續鬧：「成日搞到通屋都係嘢！」佢依舊指住疊書：「擺晒喺度，又唔係睇！」

然後我再無答佢。

「一日到黑做埋晒啲唔等使嘅嘢！」佢一直鬧。

枱面上放咗三碗飯，兩碟餸，一碟係梅菜蒸肉餅、一碟炒菜。阿媽眼尾掃一下我，上下打量咗我一番，佢見到我手上拎住錢。

「一返嚟就淨係識得拎錢！」佢終於都講出口。

阿爸叫阿媽「唔好嘈啦」，叫我哋「食飯」。

阿媽揸住筷子，指住我個頭，一下一下咁篤：「你仲識做啲咩吖你！吓？！」

我一手擋開佢。

「人哋個個讀大學都自己搵錢養自己㗎啦！」佢繼續鬧：「你喺度寫啲咩話？喺度發埋啲作家夢！寫咗咁耐又唔見你發達？」

「我唔食喇。」我答。

「你咪唔好食囉！」

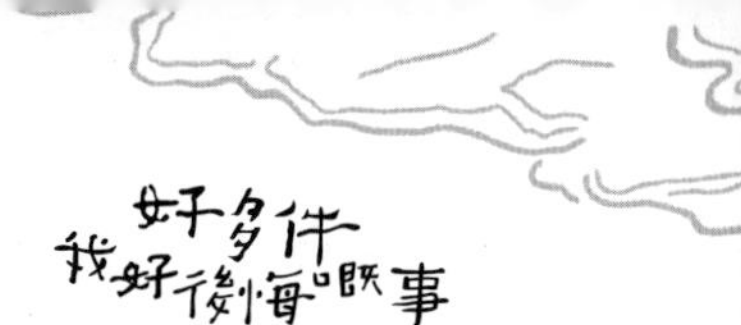


我入房拎返我個袋，拎走一切我要拎嘅，我就拎起鎖匙，打開門⋯⋯

阿爸話：「食個飯唔使咁勞氣啦——」

「我走喇。」我答。

呯——

閂咗道門，我一個人落樓、一個人行去搭車、一個人搭車。嗰時我搭西鐵，上緊錦上路，望向一大片山、一大片矮樓、藍色嘅天、白色嘅雲。午後陽光照到我背後，喺藍色嘅西鐵地板上照出我嘅一片影。西鐵一路向前行駛，電線杆一支一支咁經過。

我打咗個電話畀出版社：「喂？」

電話另一端：「喂？」

「我係阿翔啊。」

「哦哦，阿翔，咩事啊？」

「我想問版稅嗰邊，你哋可唔可以早少少出畀我？」

## OCTOBER

電話嘅另外一端，好疑惑咁「啊？」咗一聲。

「係啊。」我重複一次我啱啱講嘅說話。「我問，我可唔可以早少少拎到版稅？」

「唔好意思啊……」佢略帶惋惜咁回答。跟住佢同我解釋：「我哋要等埋發行嗰邊，計好一個季度返咗幾多書……再等會計結埋算數，咁先可以一次過出……」

半年前我出過一本書。

嗰時有間出版商突然 Inbox 我，問我有無興趣將「嗰個故事」出版成書。我起初以為詐騙，問清楚，佢講咗好多細節我聽。我唔係太記得，淨係記得我最後問佢哋，「我使唔使畀錢？」，佢哋話唔使，於是我就答應咗。

可能有好多人一生會為出到一本書而努力，但就我而言，寫書只不過係窮嘅開端。

但依件咁樣嘅事我無從說起，因為身邊每個人都替我開心嘅時候，我唔忍心同佢哋講其實我連基本飲食都維持唔到，又或者係我虛榮心作祟，無辦法向佢哋承認我只係一條沉醉喺夢想裡面嘅狗，想食嘢嘅時候吠，想做愛嘅時候叫春，一個人喺深夜，自怨自艾打一堆毫無意義嘅字，然後一無所獲。

錢要半年之後先收到。喺依半年間我浮浮沉沉寫咗幾個故事，都係無人會睇嘅嗰種。

我甚至哀求：「可唔可以通融下？」

於是佢緊張起嚟：「係咪有啲咩事？」

電話對面係出版商嗰邊嘅人，名我唔記得。

「無事，我想問吓啫。」我轉而求其畀個理由解釋：「我唔係好記得幾時可以收到。」

我同唔到一個陌生人講我同屋企人因為錢而鬧交，亦都唔知點樣解釋，一個大學生竟然會唔做兼職而用盡佢所有時間嚟寫小說。

「因為呢，我哋仲要等返發行嗰邊出個報告……我哋先可以計到版稅……」佢向我解釋整個版稅發放同計算嘅流程。「所以，」直到佢解釋完，佢話：「我哋出唔到畀你。」

一諗到依到，就覺得我命不久矣。

「咁我想問，我幾時可以收到？」我問。

「嗯⋯⋯你等我睇睇。」佢答。

等咗好長一段時間，電話傳嚟一啲揭紙嘅聲，有啲手指敲落鍵盤。可能係電話嘅收音好，或者係佢故意敲得咁大聲。

「最快都要六月。」

依一日，係十月頭咁上下。

佢仲話：「係啊，因為我哋依邊係半年做一個統計，所以⋯⋯」

「算啦。」我連些微掩飾嘅聲線都拉唔起，所以語氣壓得好沉。

我數下自己銀包，計埋啱啱老豆畀我嗰二千五百蚊，仲有零星嘅幾張十蚊廿蚊，我諗勉強最多只可以用到一頭半個月，好彩依家係冬天，宿舍唔使開冷氣，洗衫仲可以掛起嚟晾，慳返用乾衣機嗰幾蚊。不安嘅係，我無信心可以好好地飲到酒，或者有女人。

「唔緊要。」我話。

佢道歉：「唔好意思。」

但道歉換唔到錢。

於是我繼續話：「唔緊要。」

佢重複：「唔好意思。」

我用「好」同「唔該」打斷佢嘅說話，佢終於肯停。

我話：「拜拜。」

佢鬆一口氣，答咗我句「拜拜。」

最後我哋收線。

西鐵駛入隧道，窗外一切消失。漆黑一片，我收起電話，風聲肅殺咁擦過車廂頂。電視播緊新聞，有人死、有人生、有人死。

我腦海裡面，周不時會閃過一兩個關於死嘅片段。

我無法預估依啲影像會喺幾時出現，而往往都要等睇完晒依堆影像之後，先意會到我睇過依啲影像。我每行過一幢高樓，就會幻想有個人跌喺我眼前，又或者有個人會擠過井字型公屋嘅欄杆，然後跳出去。我耷低頭，望住佢嘅屍體，沉默咁望咗好耐，感覺真實到我要一直想像直到我知道依啲只係想像之後，屍體先會消失。我撓下頭，問自己點解會諗到依啲咁樣嘅嘢？一個人嗰時我會一笑置之，幾個人嘅時候，朋友會咁啱問我一啲問題，將我抽離於外。

因為錢，成個星期嘅生計正被迫向極大嘅煩惱之中，而為咗跳過依啲煩惱，我飲咗更多嘅酒。酒錢成為我生活更加大嘅負擔，於是我嘅煩惱就跟住越嚟越大，對酒嘅需求又跟住變大。起初我會飲 1664，之後到 Stella，之後就變成青島、變成獅威⋯⋯變成 Ice、或者 Hite？實際次序我唔記得，總之酒水跟住價錢，一級一級咁跌落去。飲到一個地步飲 Ice 無可能會醉，於是會買 Vodka，倒落個蓋到，直接飲。

後來我轉咗 Rum，因為百佳嘅 Rum 比 Vodka 平十蚊有多。

以為咁樣可以慳到多少，但因為一買大酒總會有唔同人行入我間房同我一齊飲，飲下飲下，就唔記得邊個有飲、邊個無飲。酒錢一時無法追索，酒又無晒，唯有一個人再去買過，第晚再飲。

結果一個禮拜落嚟，我嘅使費竟然比平時更大，搞到只可以煮麵度日。出前一丁嘅話，一包太少，兩包又太飽，所以下晝食一包半，夜晚再食一包半。早餐一般會選擇用瞓得晏啲嚟解決，而我亦都因為唔想食早餐，跳過好多上晝嘅堂。最後左慳右慳，但加埋酒錢，我一個星期嘅使費竟然只可以同之前嘅我打一個和。

前一刻為咗阿爸畀我嘅錢而感動，下一刻我就將佢使晒。

為此心痛，又同時為此躊躇，身體明顯比以前差，酒嘅副作用開始浮現，嗰段日子，我心跳比以前快，瞓得差過以前，一撐大眼，我就想殺人，生死無別。當然我有諗過短暫咁戒一排，但可惜為時已晚，如果突然停一兩日唔再飲酒，我反而會瞓唔著覺，戒酒之期越推越遠，脾氣之大前所未有，突然之間，我好似對人生一切小事都無法忍受。

十月中，錢使得七七八八，脾氣固然更大。

十月中某日，我突然發現自己因為好耐無食過菜，腸胃都開始出現問題，所以前一晚盡量飲少咗酒，騰出一啲錢，用比平時多出一倍嘅飯錢去咗街市買菜食。

買完菜返宿舍嘅路上有兩個男仔，睇到佢哋兩個毒撚樣我就覺得乞人憎。佢哋兩個好似講緊啲圍內覺得好好笑嘅嘢，兩個人不斷咁笑，不斷咁互拍對方，一路上就喺咁打嚟打去。我深呼吸，一路聽歌，一路拎住個白色膠袋繼續行。可能係嗰個狀態嘅我，無論見到咩人都會睇佢哋唔順眼。

直至行到宿舍大堂，我哋都係行緊同一條路。我哋一齊喺𨋢口前等，佢哋企喺𨋢口前面，繼續啱啱打嚟打去嘅遊戲。

「唉頂你個肺，哈哈哈哈！」

佢哋笑咗成條路都仲未笑完。

「哈哈哈哈！」

今晚煮完一餐飯，我就要開始計算聽日食到幾多份量嘅麵。

啪一聲，佢哋打到我個袋，成袋菜飛咗落地。綠色嘅菜葉散落，白色膠袋跟住風飄，佢哋終於收聲。

「對唔住啊對唔住啊……」佢哋話。

我踎低，一塊一塊咁將菜拾起。嗰日我買咗八蚊菜心，已經係兩包半出前一丁嘅價錢，係我一整日嘅生存成本。

「唔好意思……」佢哋跟住我踎低，將菜執起，幫我將菜放入膠袋裡面。

執完之後，我捉實個膠袋，慢慢企喺身。然後我揚起手，手背向住其中一個男仔，一巴打落去。

「唔你老母！」我睥住佢哋鬧：「你個腦漏咗喺你老母子宮到啊？！」

「玩玩玩！」我指住佢哋嚟鬧：「讀到大學仲染色體不足咁嘅樣。」

我一手推開佢哋行入𨋢：「縮開啦！」

入到𨋢，西牛企咗喺入面。

「嘩，阿翔。」佢問我：「你咁躁底嘅你？」

我入到去就撳𨋢，嗰兩個毒撚仲喺出面棟咗喺度，我視線定實喺佢哋身上，直到𨋢門慢慢關上。西牛呆咗咁無出到𨋢，跟住我上返去。

西牛擘大眼，佢問：「你無嘢吖嘛？」

「無。」我斬釘截鐵咁答。

升降機嘅電子板上顯示住我哋一層一層咁上緊去。嗰時因為所有嘢都靜晒落嚟，所以我先有時間，諗返自己做乜會咁暴躁。

「依排飲多咗啩。」我隨口答。

事實係一下子發現，自己一整日嘅生存成本竟然係一棵散落地上嘅菜。

「可能發窮惡。」我話。

西牛佢疑惑嘅眼神問：「係咪仲有咩事？」

我諗，此前我從未試過喺佢面前會暴躁到咁。

「你識唔識人請緊人？」我問佢。

西牛好似怕自己聽錯咗啲乜嘢咁，只係「嗯？」咗一聲等我再講一次。

我話：「你識唔識人請緊 Part Time ？」

我成日見西牛返 Part Time，同埋佢識咁多人，我諗佢唔多唔少都會有啲窿路。

西牛佢笑笑吓咁話我：「好似好等錢使喎你。」

我無笑，然後佢就認真起嚟。

佢轉而問我：「你要 Hea 定要好 Pay 先？」

「我要錢。」我話。

中間我哋又沉默咗陣。

「Kelvin 嗰到囉，仲請緊人。」佢話。

佢猶豫我係咪唔記得邊個叫 Kelvin，我猶豫緊做唔做。

「上次我哋去飲酒嗰到啊。」西牛補充。

「我做。」我答。

「哦……」西牛見我答得咁肯定，佢有啲嚇親。「好啊……好……」佢話，「我幫你問吓佢。」

我跟住西牛指示，著咗條黑色西褲，著咗對黑皮鞋，就去到嗰間酒吧到。依間酒吧至目前為止我只係去過兩次，我知道嗰到叫做「Caesar」，係第二次。

「Kelvin.」

佢坐喺酒吧一角，其他人抹杯嘅抹杯，執枱嘅執枱，傍晚時分，我無諗過竟然會見返依個銀白頭髮嘅青年。

「你就係西牛個 Friend 啊可？」我跟住約定嘅時間嚟到酒吧：「佢個作家朋友啊？」

我叫過西牛好多次，唔好周圍同人講我係作家，我覺得依件係一件好尷尬嘅事。

我答咗句「係。」

面試嘅過程比想像順利，佢淨係問咗我叫咩名，同埋西牛今日有無做啲乜嘢戇居事，我話「無」，跟住 Kelvin 就表現得好失望咁，答咗一聲「哦」，之後佢就同我講：「今日你跟住阿軒啦佢會教你做㗎喇。」

佢指住吧枱隔籬一個頭髮兩邊剷青嘅青年，佢左邊耳仔戴住一隻耳環，眼大大、鼻高高，人好高大，著住件黑色恤衫、黑色西褲、黑皮鞋。阿軒好似聽到我哋講佢，佢望過嚟，一步一步咁行近。

跟住 Kelvin 話：「之後請唔請你今晚再講，OK？」

「好。」

阿軒一路行過嚟，一路搞吓隻耳環。佢企喺我面前，我要微微岳高頭，先望到佢對眼。

「跟我嚟。」佢話。

我跟住佢走到吧枱，佢沿途就同我講吓廁所喺邊、枱要幾時執、Nuts 邊到拎。佢行到吧枱一角，同我講：「酒啊、仲有嘢食就依到出嘅，你見到有嘢喺度就醒水啦吓。」

「嗯。」我答。

佢隨手指向牆上嘅一張紙，張紙上面畫好一格格，寫住邊一張枱打邊一張枱。阿軒冷淡咁講一聲：「睇熟佢。」

「好。」我答。

枱號順住由最裡面排到門口，門口外面幾張企枱就係第二組號碼，所以唔算太難記。

阿軒佢笑笑咁同我講：「易過庇護工場啦吓話？」

我陪笑：「哈哈，係啊。」

阿軒繼續講：「今日落單唔使你做，你遞嘢執枱就得。」

嗰日係個閒日嘅晚上，仲要落雨，客人唔多。雨慢慢落大，舖頭外面幾盞白色射燈，照住一絲絲落成直線嘅雨。

行到吧枱前面，一杯杯酒放咗喺度，每個杯底都跟住張單，單上面有一堆堆細細隻嘅字，一串英文，仲有個代表枱號嘅 Number。我跟住 Number 送過去，放低杯嘢，讀出幾粒近似嘅英文，之後走，一整晚嘅問題都唔太大。

喺工作之間，我發現自己存在，而依種感覺比寫小說更加實在。我知道我做緊嘢，我知道我做完嘢會有糧出，甚至我開始認為，我適合做一個酒吧侍應多於做一個所謂作家。

起初以為自己唔係做侍應嘅材料，但幾個鐘頭慢慢做落，開始熟習托盤嘅運用，雖然做唔到阿軒咁樣單手托盤依然行動自如，不過已經無咗一開始嘅心驚膽怯。記熟咗枱號，每次行嘅路程都變得更短，做嘢就更加之快。

阿軒一手托住個盤，上面放咗好幾杯酒，佢經過我身後。佢講笑咁話：「都話易過做庇護工場㗎啦，輕鬆。」

凌晨三點收工嗰陣，Kelvin 首先叫咗阿軒過去，之後到我。

「阿翔。」

喺佢嘅語氣中，我聽唔出佢係滿意我嘅表現抑或係唔滿意。佢淨係喺銀包裡面數咗幾張一百蚊紙出嚟，總共六張。因為西牛識得 Kelvin，所以就算無經驗都好，佢都計咗我一個鐘頭七十五蚊。

「係。」我答。

佢伸出手，將嗰六張一百蚊紙遞咗畀我。第一日返工，我返咗八個鐘，所以有六百。

「啊？」我諗咗一陣，點解佢會出現金畀我。係咪唔請我呢？於是我又諗，係咪我今日做錯咗啲乜嘢事。無吖，明明無風

無浪又一日，無特別事發生。我問 Kelvin：「Err……點解出現金嘅？」

Kelvin 佢又大笑咗一輪。每次都係咁，我企喺佢側邊好緊張咁望住佢笑，永遠唔知佢笑完一輪之後會講啲乜。

「你係咪好想供 MPF ？」佢問。

我斬釘截鐵話：「唔係。」

佢叫我：「咁你袋住。」

我窒咗窒：「即係……」

「聽日返工啦。」

「多謝老細！」

「嘩，」佢撓撓頭，佢望住我，一臉疑惑：「返工你都咁開心？」

「哈哈，係啊。」我笑住答佢：「我依家好鍾意返工。」

跟住佢仲叫咗阿軒過嚟。「喂！」Kelvin 話：「聽日我唔喺度，依到你哋搞掂啦吓。」

出完糧 Kelvin 就離開舖頭，叫我哋執埋啲手尾。依個時候，我先有資格作為一個正式員工咁自我介紹一次，我叫「阿翔」。

走嘅時候，阿軒叫住我。我以為佢會同我講啲咩嘢，但佢只係拎咗份 Meun 過嚟，遞畀我：「睇熟佢。」

我接過：「好啊。」

「唔急嘅，最緊要快。」佢拍拍我上臂，揚起手，然後同我講：「拜拜。」

「拜拜。」

拎住一疊錢，走喺深夜無人嘅街上，我可以買我想買嘅嘢，行過七仔，我買咗支 1664、買咗包煙。街頭點一支煙，我頓然感悟過往已經浪費咗太多光陰，如果斷鐘計，將所有時間換算成七十五蚊，我依家已經係個有錢人，可以去好多次旅行。一諗到依到，我就覺得自己做咗一個非常正確嘅決定。

我同自己講：算啦，唔寫喇，正正常常打下工咪幾好。

喺我因為工作而實實際際咁收到六百蚊嘅嗰個夜晚，我打開電話，打算刪除嗰個叫做「飛翔的狗」嘅 Page，嗰個所謂嘅「我」，最好可以即刻消失。可能喺第一二日有人會搵吓我，

但再多一兩個星期，我就會被所有人遺忘，遺忘得一乾二淨，好似我無存在過一樣。

一個人搭上返去宿舍嘅通宵巴士，走上上層，我好鍾意坐上上層嘅第一格。細個好驚咁樣會畀車撞死，但慢慢就無所謂。只要諗吓自己做錯過嘅事，如果死前有幸望到一眼寂靜蒼茫嘅夜色，我諗咁樣個天已經算待我不薄。

就喺嗰晚，嗰個叫做 SY 嘅網友嚟搵返我。

SY：「阿翔，你系吾系到？」

「？？」

SY：「你記吾記得我牙？」

理論上我已經唔記得咗佢，但 Facebook 對話只要向上碌就會見到我哋之前講過啲乜。

「記得啊。」我話。

之前講到佢男朋友識咗個女仔，好似好曖昧咁，大約係咁上下嘅內容。好彩有對話紀錄。

佢好凝重咁話：「我個日系條街撞正佢地。」

「哦……」聽到佢咁講，於我而言又好似係意料中事，但我盡力扮到好突然咁，盡力扮得關心：「你無咩嘢吖嘛？」

巴士一路駛離尖沙咀，從一塊又一塊招牌底下穿過。我抱住一種「最後一晚」嘅心情，同依個叫做 SY 嘅人傾落去。

「咁跟住點啊？」我回覆，等佢講埋落去。

「佢見到我，都無即刻擠開個女仔隻手……」佢話：「阿翔你之前咪話同佢傾吓就得嘅……」

SY 輸入中……

SY：「都吾得既！」

我問：「你哋最後點？」

我嘗試轉移話題，再講落去佢可能要訴一晚份量嘅苦，到時我就要為咗同佢講「拜拜」嘅時機而煩惱。

SY：「無乜點……」

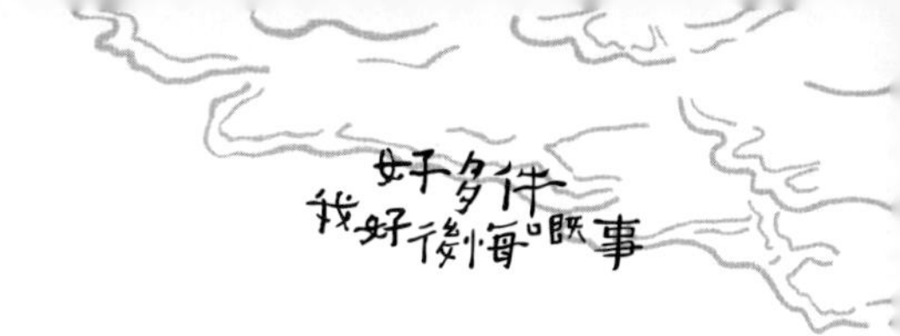


我問佢：「你哋無講啲乜嘢咩？」

SY：「佢無搵我。」

我問佢：「咁你呢？」

「我都無。」佢話。

我：「大家都無搵大家？」

SY：「嗯。」

「點解你唔主動同佢講？」我問佢：「咁樣拖落去無意思。」

我諗嗰個男仔應該都好想分手，只係佢講唔出口。做衰人都需要勇氣。

SY：「我講吾出口…」

「咁無其他辦法㗎喎。」我回覆：「你搵朋友飲吓酒，等時間快啲過囉。」

「我好少飲酒。」佢話。

我叻嘅係哋人，弱嘅都係哋人。雖然有時可以引到人笑，但我其實無方法可以令一個唔開心嘅人開心返。

「咁食下甜品？」所以，我最多只可以講啲無乜用嘅廢話。

「你覺得我應該點做？」而佢重重複複都係咁樣嘅問題。

我唯有重複：「分手把啦，都已經咁樣撞到。」

為咗個男仔著想，求求其其鬧場交，咁佢下一段關係就可以明正言順咁開始，大家都可以煩少一件事。

「唔係你仲可以點？」我問返佢。

「我真係好鍾意佢⋯⋯」佢話。

同上次一模一樣，周圍一切都變晒，唯獨佢無變過。

「你鍾意人，人哋就要鍾意你㗎喇咩？算啦。」

「阿翔你有無試過好中意一個人？」

「無。」我話。

「一直都無咩？」佢追問。

「無。」我繼續講：「所以我唔明你諗緊乜。」

「點解⋯⋯」

「要分嘅手遲早都要分。」

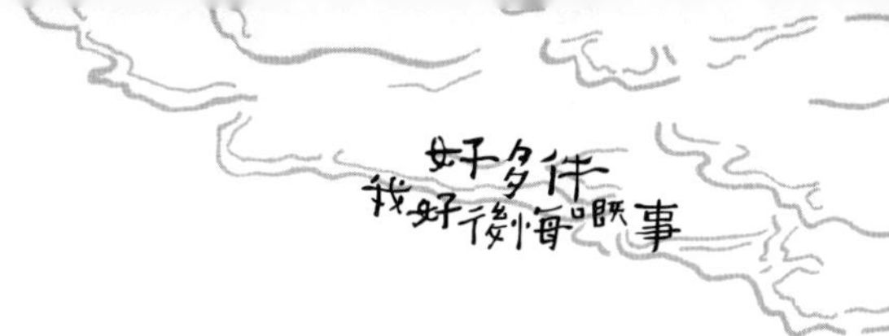


「你好狠……」

「一係你狠心，一係佢狠心。」我回答：「你揀。」

「阿翔……」SY 輸入中……「點解你好似唔同咗？」

「係咩？」對我嚟講，我一直都係咁：「我一直都係咁。」

「你好似同平時嘅你好唔同……」

見到佢突然咁講，我覺得好疑惑：「你識我㗎咩？」

「睇你 d 故既印像吾系甘牙……」

「小說吖嘛。」我加咗個大笑 Emoji，嘗試緩和一下沉重嘅氣氛：「小說睇吓算啦。」

「依個先系你既真人？」

「Haha……個個都係我真人嚟㗎喎。」

「系咩？」

「你同你男朋友點，你慢慢諗清楚啲先啦。」我將話題拉返過去，防止話題蔓延到我身上。

「嗯……」

我以為對話可以就此結束。

突然，佢問我，「我之後仲可唔可以搵你？」

「最好唔好。」我話。

佢睇到之後好愕然，問咗我一句：「點解？」

「唔重要。」

我原本計劃靜悄悄咁刪咗個 Page，當然有人會為此愕然，或者覺得奇怪，但斷絕網上往來之後，現實世界根本無人知道我係邊個，亦都無人會搵得到我。網絡世界就係咁奇妙嘅存在。有無人為此傷感，今後都唔會再喺我考慮範圍之內。我總唔能夠為咗「一兩個人一晚少咗幾篇文睇」依種程度嘅傷感，而打亂我整趟人生。

「依個 Page 以後唔會再用。」我解釋。

如無意外，SY 會係我最後一個回覆嘅讀者，的確有啲可惜，但無辦法。而為咗紀念我最後一次回覆我嘅讀者，我將依件事同咗佢講。既然大家唔會再見，咁無所謂。

「。。。」佢回覆。

我答：「我陣間就會 Del Page。」

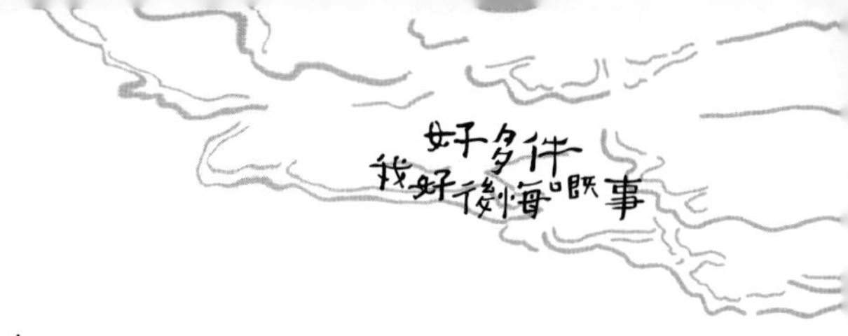


佢問我：「點解牙？！」

以所謂作家而言，我屬於毫無天分嘅一類。好多人一上手就做到嘅事，我可能要用幾年時間，甚至更長，我之所以一直都無放棄，單純係因為白痴。明明一無是處，但只要有人畀少少鼓勵自己、或者偶然得到少少成就，就會傻更更咁一直衝落去。

「唔想寫。」我回覆。

之後我介紹咗另外幾個真正嘅網絡作家畀佢知。我話：「佢哋嗰啲文好睇過我好多。」我諗咗陣，先繼續講：「我啲文無咩特別㗎咋，好多人都寫得到。」

「。。。」佢依舊都係咁樣覆我。

「如果你只係想寫到我依種程度嘅文，我即刻用三行字之內嘅時間教你都得，唔係啲咩高深技巧。」

「。。。」

用心理描寫或者用景物嚟區隔一段對話嘅轉折，識得用嘅詞彙唔需要多，跟住後面嘅對話可以講一啲相關嘅事，或者加一個連接詞，令到描寫同對話之間嘅區隔變得模糊。一直我用嘅技巧都只係啲咁樣嘅嘢，我依家教咗你，你聽日就可以代替我。

「所以，我唔係啲咩舉足輕重嘅人物，你好快可以唔記得我，你明白嗎？」

「你講真嫁？」

聽到佢咁問我，喺巴士上面我都忍唔住笑，望望周圍確定無人注視自己，我就鬆一口氣：「Haha……你真係想學？」

「吾係講依樣牙！」佢繼續輸入……「我系話，你真系諗住刪咗個 Page 佢？」

我答佢：「係。」

「吾好啦！」

螢幕上面顯示住一小格白色嘅通知，佢問我係咪確定要將專頁刪除。

SY：「喂！點解姐！做咩吾寫喎！」

望住嗰格藍色頂白色底嘅通知，我並無想像中嘅惋惜，反而係怨恨，悔疚自己人生過往浪費咗太多時間喺依個得 2000 個 Likes 嘅 Page 上。我只係一直以為自己好重要，但其實一覺瞓醒、清醒少少，就會知道自己乜都唔係。

我話：「我唔想寫。」

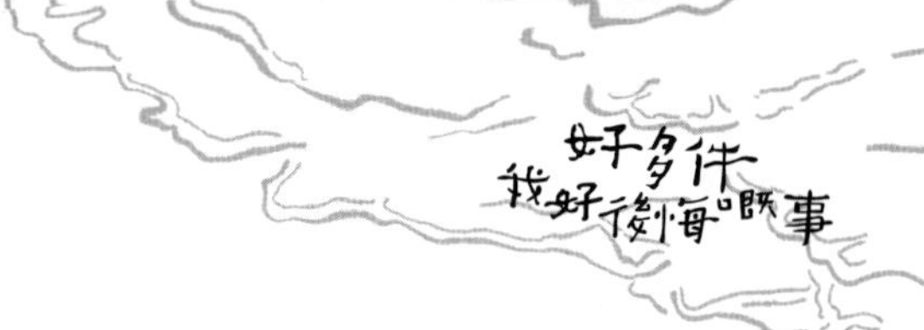


SY：「剩系甘？」

「係。」

坐喺通宵巴士上層第一格，望向右上角嘅倒後鏡可以望到後面。閒日嘅通宵巴士上面，得返零星幾個人，巴士係舊式嗰一款，灰色櫈、黑色地板，車窗上面滿布淡灰色一點一點嘅水漬。今日落過雨，燈光昏昏暗暗，顯得陰陰沉沉。

「我睇左你好耐 ga la ！」佢話：「我系你第一個故事就有追 ga ！」

我覆咗佢一句：「多謝。」

佢問我：「做咩突然吾寫先得格？！」

我隨便諗咗個原因出嚟。如果我同佢講錢，佢一定會覺得我係個小人。

「Final Year 喇。」我話：「我想分多少少時間去做功課。」

「係咪太大壓力牙？」

「唔係，無壓力。」

「可以慢慢寫 ga ！」

「唔喇，之後都會好忙。」

「巴打追你文都係支持你 ga 炸！」佢好緊張咁話：「佢地唔係真係摳你老母家 ma ！」

「我知。」我答，「我都好多謝各位巴打支持咗我咁耐。」

「吾好吾寫啦！」

今日我賺咗六百蚊。扣除喺七仔買咗罐 1664，我用咗十九個九，加埋通宵巴士嘅十七蚊，我手裡面握住五百六十三個一。我望住窗前嘅風景，有少少醉意，拎住依五百蚊依家我可以一個星期都唔返屋企，只要聽日再努力啲，返多啲工，我就可以賺到多啲餘錢，依一切都係寫作畀唔到我嘅嘢。

佢話：「我個陣考 DSE 就係靠睇你啲故 ga la ！」

我話：「講到依到先啦，你係我最後一個讀者，衷心多謝你，拜拜。」

佢叫住我：「吾好走住牙！」

我無覆佢，但又無即刻刪咗個 Page，感覺有啲似瞻仰遺容。我沿住個 Page 不斷向下掃，沿途有我寫過嘅故事、有啲以前連載嘅 link，有啲寫得完，有啲始終都無，好多人鬧過我，有好多人鬧埋我全家。

SY：「喂！飛翔的狗！你唔好走啊你！」

鬧我無料嘅有、鬧我貪錢嘅有，有人話過我搏上位、有人屈過我，最可悲係我喺貧窮中死去活來嘅時候，我畀人話貪慕虛榮。

SY：「喂也！」

我出過一本書，之後會有另一本，一開始嘅係期待，最後我得到嘅係自知之明。我知道自己嘅定位就係依到，依到係我嘅極限。

「我只係一個好普通嘅人。」我回覆：「比我有才華嘅大有人在。」

「我真系好中意睇你 d 故事 ga。」

「算啦。」

佢鬧我：「你甘樣咩意思喎！」

突然畀個三唔識七嘅人鬧，對我嚟講已經係習以為常嘅事，但佢於我，又好似有多一重意義。可能佢代表住我最後一晚嘅最後一個讀者，又或者係我某個階段嘅結束。

「寫寫吓一句唔想寫就唔寫！」佢繼續鬧。一連好幾句，幾秒就 Send 一句嚟。

以前凡有讀者搵我，我都會打開佢哋嘅 Profile Pic 睇下佢哋個樣，男人會用一般同男人講嘢嘅語氣覆，而女人得嚟又靚女的話我就會覆得再認真啲。雖然係咁，但拎住飛翔的狗依個身分，我無論如何都唔會同一個女人繼續傾落去。比起我鍾唔鍾意佢、佢鍾唔鍾意我依啲瑣瑣碎碎嘅事，我更怕佢哋會將我出賣。

「你睇咗我啲故幾耐啊？」我問。

「三年喇！嗰陣我仲考緊 DSE 咋！」

我認真咁計咗一次。

「咁我好似唔係大你好多。」我隨口咁講。

「系咩……？」

「應該兩年左右。」

「你咁講我仲以為大好多……」

「你幻想我係一個滿頭頭油，啲鼻毛突晒出嚟嘅大叔會好啲。」

「好核突。」

「越核突越好。」

佢問：「你會唔會著白色背心踢人字同擦鼻屎？」

我話：「會。」

佢話：「咁樣真系好核突。」

「大約幻想完我個樣未？」我問。

佢話佢「大約有畫面」。

於是，我同佢講：「如果有咩你想問，你可以問。當係答謝最後一個讀者。」

佢問：「可唔可以繼續寫小說？」

「喂你問第二啲啦，」我話，「我唔會再寫。」

「。。。」

「你可以當係同一個就死嘅人見最後一面咁傾計。」

「點解你一開始會寫小說？」佢轉而問。

「因為無聊。」我簡單地答。

「甘嫁乍？」佢反而好好奇，點解我會答得咁簡單。

「係啊。」我理所當然地答，「唔係你以為有啲咩特別？」

「我以為應該會有 D 好特別既原因 Tim。」

「點解你會有依種錯覺呢？」

「吾知牙。」佢諗咗陣，巴士經過咗幾個站。我竟然拖住收工後疲倦嘅身軀，喺巴士上回覆一個讀者嘅 Message。佢繼續講：「我覺得你應該系 D 好特別既人。係因為遇到 D 好特別既事先會令一個人變成作家？」

「我好怕啲人叫我作家。」因為自卑，我修正咗佢嘅講法。佢無即時回覆我，於是我又繼續佢嘅話接落去：「同埋我喺現實生活，只係一個好普通嘅人。」

「一 D 特別既原因都無咩？」

「無。」我重複咁話，「無特別原因。」

佢聽到無特別原因之後，顯得有啲失望。「乜系甘牙……」佢咁樣回覆。而我為咗令佢唔好失望，我作咗一個原因畀佢。

「如果真係要講一個嘅話，可能都有嘅。」我話。

「？？」

「記得我中學嗰時有個師妹。佢係個好可愛嘅女仔，戴眼鏡，返學嘅時候紮住條馬尾，佢嬲嘅時候會鼓埋泡腮，所以，我係真心覺得佢好可愛。」

「佢細你幾多？」

「四年。」

「中學嚟講，都差幾遠。」

「係啊，係一段會畀人當係怪叔叔嘅年紀，哈哈。」

佢回覆咗我兩個大笑嘅 Emoji，「55……」跟住佢接住話：「原來係因為愛情……」

佢聽到我講起中學一個師妹嘅時候好似好興奮咁，我諗佢應該預期緊一個好浪漫嘅愛情故事。

「不過個故事一啲都唔浪漫。」

「系點嫁？」佢追問我。

「我中五嗰時就好鍾意佢㗎喇，哈哈，我諗應該算係初戀啩。」

「跟住呢？」

「我就追佢啦。不過，嗰時都有另一個男仔追緊佢。」

「好似似曾相識。」

「唔好回憶係我邊個故喇，哈哈，」我叫住佢，我叫佢唔好諗依啲橋段喺我邊個故事裡面用過，說穿就係我怕佢會將我嘅謊言拆破。「由佢啦。」我話。

佢「嗯」咁應咗我一下。

「總之，嗰時佢揀咗嗰個男仔。」我話。

「之後呢？！」

「之後？我好唔開心啊，跟住我就寫咗嗰個故事。」

「甘你好鍾意佢……」佢仲同我講：「你都吾系甘冷血姐！」

「係咩？」我笑咗笑。

「係啊！」佢斬釘截鐵咁答：「你吾系個 D 唔會鍾意人既人牙！」

依句睇得我有少少辛苦。

「吓？」

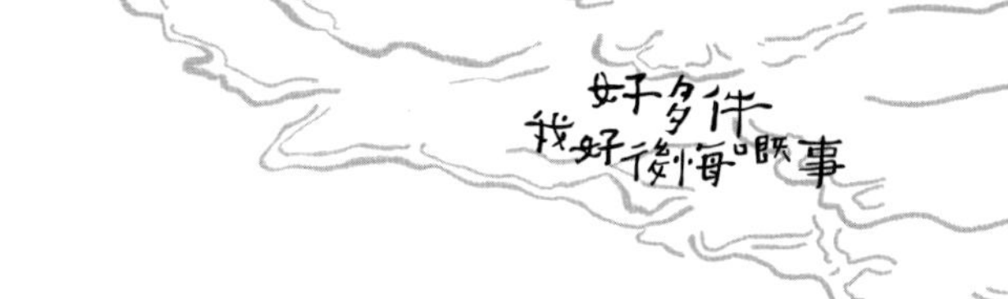


「我意思系……你仲會中意人牙，你系未遇到姐。」

「我諗未必。」

「起碼你曾經好中意過依個中學既師妹牙！」

「嗯，的確係嘅。」

但有時就係好怕，怕有人真係鍾意自己，怕佢鍾意到一種地步，當佢見到嗰個一直都好開心咁笑住活著嘅我突然死咗，佢一定會傷心到死，所以去到一定時間，我會自動遠離佢哋。

「你哋之後仲有無連絡？」佢問我。

為咗我哋大家都好，好似我咁樣嘅人，總有一刻好想有人喺身邊，好想有人愛我，但長遠嚟講，我都係唔好拖累其他人嘅人生會比較好。

「無喇。」我答。

「點解牙？」

「因為我無未來。」

「中學姐！邊會甘快諗到未來嫁！」

「我的確係個無未來嘅人。」

「你諗太多。」

當然我試過好鍾意好鍾意一個人，只係越鍾意嗰個人，我越唔敢向前行。我好怕佢會知道我嘅一切。慢慢，同我一齊嘅人，竟然多數都係我無所謂嘅人，有人陪我當然開心，但佢唔鍾意我又未至於傷心欲絕。一直以嚟我都將所謂嘅鍾意放喺依種程度，凡超出我都會避開。

「你依家呢？仲鍾唔鍾意人嫁！」佢繼續問。

「都隔咗咁耐啦。」我加多咗兩個大笑 Emoji，我話：「四年喇喎大佬！」

強顏歡笑，懦弱到可悲。

「佢依家點？」

「幾個月後佢同嗰個男仔分咗手。」

「幾個月咋？！」

「係啊。」

「點解之後你吾追返人姐！」

「由佢啦，都咁耐。」

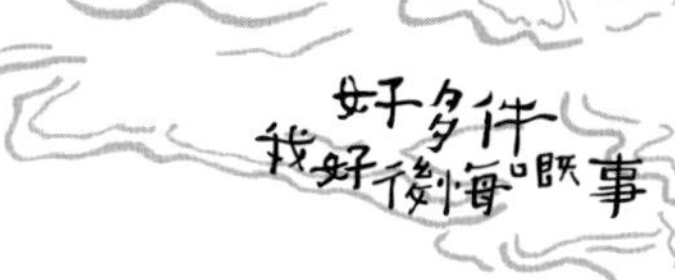


佢鬧我：「由咩佢姐！咩野都由得佢既你！」

「不如，」我話：「不如你問我其他嘢。」

佢無理我，佢直接接住中學師妹嘅話題順落去問：「你第一個故事，就係因為依個女仔而寫？」

我答佢：「係。」

「真係？」

「嗯。」

而我會永遠咁隱藏我真實嘅故事。

佢突然話：「我好想識你真人。」

我呆眼凝望巴士車窗，巴士將要到站，我就嚟落車。落車之後仲要行好長一段路，咁我先至可以返到宿舍。一諗到依段路我不禁嘆一口氣。

「大叔你都有興趣？哈哈。」我只係是但覆咗啲嘢。

點知佢繼續講：「我覺得你好特別。」

「我少一隻手或者多一隻眼可能先會特別啲。」我答。

「我吾系講依 D 牙……」佢話：「我係真係覺得你好特別。」

我打斷佢：「我好快會消失，你有無其他嘢想問？」

「唔好住啦！」

落車之後夜晚有少少風，巴士喺我背後駛走。我一個人喺條無人嘅街上行走，我一個人望住部電話，滿身酒氣。

SY：「我仲好想同你傾計。」

「如果無其他問題，我就 Del Page 㗎喇。」我盡可能將語氣壓得輕鬆一啲，盡可能好似其他人講「早抖」或者「再見」咁輕描淡寫。

「我有啊！」佢話。

「嗯？」我等佢講。

「係咪唔問你個人資料就可以？」

「你可以咁講。」

「至少，你可唔可以唔好 Del Page 住……」

「我唔會再寫小說，依個 Page 留喺都無用。」

「我真系真系好鍾意你D故事嫁！我唔想你好似突然消失左甘牙……」

「消失本身就係突然㗎喎。」我話：「好難有人可以慢慢咁消失。」

「起碼留返個Page吖……」

「比我好睇嘅故事多的是，比我出色嘅作家大有人在啦，我又唔識扭橋，又唔會寫到咩扣人心弦嘅嘢，哈哈。」我安慰佢：「你唔使咁喎。」

「可能我好少睇其他書……但我真系覺得你寫野好特別㗎。」

「我可以介紹多啲其他書你睇啊。哈哈。」

「吾系咩都可以搵嘢代替㗎！」佢鬧我。

「我可以啊。」

「。。。」

「我真係唔會再寫㗎喇，我哋講到依到啦。拜拜。」

「我知牙……我知你唔會寫喇！我知喇！」SY輸入中……SY輸入中……對話框反反覆覆出現咁樣嘅句子：「你可吾可以……吾好再比一個甘樣既打擊我牙？」

我無覆佢，只係望住佢一直咁講落去——

「佢又系甘……你又系甘……」

佢一直鬧——

「系咪男人都系甘既呢？」

「點解個個都要粒聲吾出就走晒去喎！」

「做咩啫！」

「系咪我做錯 D 左咩野俎！」

「一個二個都係甘！」

我話：「我同你男朋友唔同喋……」至少我唔係佢：「我哋係兩件事嚟。」

「點解我要為依 D 野搞到喊喎……」

再行多兩步，岳高頭就可以見到宿舍嘅輪廓。四點幾鐘，對上一次依種時間仲眼光光無瞓到嘅，已經係我同阿怡做愛嘅時候。黑夜嘅天空，白雲都變到灰色，再過一陣就要日出。

「我好想死……」

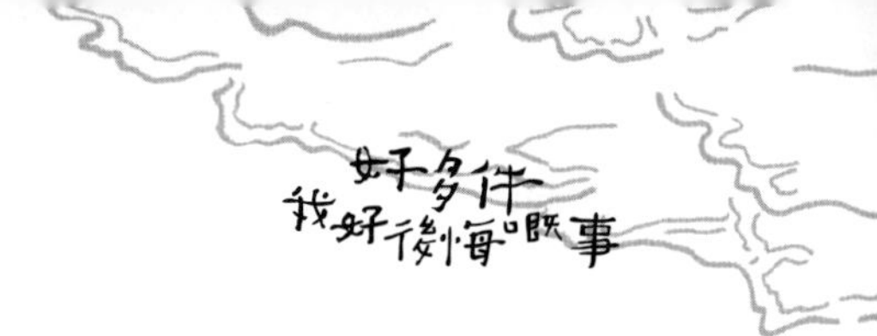


我停低腳步。

我話：「我都係。」

SY：「。。。」

「可能你只係隨口講吓。」我回覆佢：「不過，你唔好死。」

「我唔系有心甘同你講嫁……唔好誤會……我吾系想迫你……」佢話。

雖然由我嚟講好似無咩說服力。「總之，你唔好死。」我話。

就算佢最後可能只係隨口開個玩笑。

「我衷心希望你唔好死。」我話。

死可能係肉體意義上嘅死，又可能係靈魂上……如果終有日對未來絕望，就要喺懸崖邊緣活著，喺生死之間痛苦掙扎。

我唔知道我依晚做嘅決定最後會唔會錯。總之，我無刪到嗰個叫做「飛翔的狗」嘅 Page，我將佢留咗喺度，變成一個我同 SY 之間嘅信箱。

## OCTOBER

「阿翔，早晨。」

我同 SY 開始咗用 Facebook 聯絡，自此以後，我每逢打開電話都會見到 Facebook 嘅藍色 LOGO 右上角多咗一個寫住數字嘅紅圈。

「點啊，你好啲吖嘛？」我回覆。

「嗯。」等咗一陣，佢問我，「你琴晚咁夜瞓，依家又咁早起身嘅？」

「要上堂吖嘛。」

「唔走堂？」

「點名啊。」一個哈哈笑嘅 Emoji。

第二朝早我九點半就起咗身，梳洗完、換好衫，之後落咗 Canteen 食早餐。其實我好鍾意食炒蛋同魚柳，會飲凍啡，唔落糖。平時迫不得已一定要食早餐嘅話，我最多只係會淥個杯麵，平時出街都唔會要凍飲，因為好多時要加多三蚊。而作為我出糧嘅第一個早餐，我食得比平時豪氣好多。

我問佢：「你又咁早起身？」

「我返工啊。」

「返咩？」

「Sales 囉…….」

「返邊啊？」

點知畀佢話返我轉頭，佢話我：「唔畀問個人資料喎。」

食住個早餐，陽光斜照喺電話嘅螢幕上，反射住我嘅一臉愕然。「哈！」我忍唔住笑：「唔好意思啊真係。」

「你呢？你又做緊咩？」佢問。

「食緊早餐啊。」我答。

「嗰篇嘢你打咗未？」佢問，後面仲加咗個唔開心嘅公仔。

「未打，陣間打。」我話。

OCTOBER

喺我決定唔再寫嘢，但同一時間將個 Page 留喺度嘅時候，佢叫我點都好，都要同以前嘅讀者好好道一次別。佢話好多人等緊我寫嘢㗎喎，唔好粒聲唔出就走咗去。

佢對我千叮萬囑：「你記住啊。」

「不過，我始終唔覺得我對其他人有咁重要。」

「依啲係禮貌。」

「哦……」我回覆：「好。」

**「致各位親愛的讀者：**

**今年我 Final Year，因為學業關係，嚟緊我會專注返喺學業上面**

**我想將多啲嘅時間放喺我嘅 Hon Pro 同功課**

**多謝大家依幾年嚟一直嘅支持同鼓勵**

**唔好意思，我又爛尾喇**

**不過，今次應該係最後一次**

**有緣再會！**

**飛翔的狗」**

發布，有人傷感、有人留言、有人 Like，但係迴響唔太大。

九點半係歷史系「共產黨史」嘅課堂，會講馬克思、講列寧、講毛澤東，會講資本主義點樣禍害世界，會講無產階級點樣革命。我哋學校會點名，如果走咗三成嘅堂年尾會無得考試。早排我收到 Email，Department 叫我一定要嚟上堂。

教授係個好高大嘅男人，著住件黑色皮褸、藍色牛仔褲、一對皮鞋，平頭裝，頭髮灰白。

我喺度讀咗四年書，但因為太少嚟上堂，又因為平時唔會上上吓堂同隔籬位嘅人搭訕，所以坐到入課室裡面，我一個人都唔識。

教授話：「生產關係係下層建築，而文化、法律等等嘅嘢作為上層建築，就係建基於生產關係之上嘅嘢。」

理所當然地我唔會明佢講緊啲乜，於是我喺張點名紙上簽咗名後就伏咗喺枱上瞓覺，將頭埋喺手肘嘅弧形裡面。

「返工好悶牙……」隔咗陣，SY 又搵返我。

「我都好悶。」我回覆。

SY：「系喎，你上咩堂牙？」

「共產黨史。」

SY：「哦……」

我唔明自己做緊啲乜，佢又唔明白我做緊啲乜，所以我無再喺依個話題到討論落去。至少同 SY 講共產主義喺中國有咩發展，似乎唔係一個明智選擇。

「你無嘢做咩，咁得閒嘅？」我問。

「上晝無咩客。」

「咁幾好吖，上吓網做吓自己嘢囉。」

「你仲好講！」佢無啦啦又鬧鬼我：「你又唔出故！」

無論點樣閃避，佢都會搵到個機會嚟鬧我。

「賣啲咩講得喇啩？」我話：「應該唔算個人資料？」

「手機殼嗰啲嘢啦……」

「有無折，」我講笑咁話「我咁啱想換 MON 貼。」

「你可以過嚟嘅……」

對話突然之間嚟到要見面嘅邊緣，我唯有講吓笑，化解下緊張嘅氣氛。我話：「哈哈我先唔會畀你見到我啊，你寄過嚟啦，哈哈。」

「啤，唔要就算。」

我哋轉而去討論電話、討論吓其實賣手機殼係咪好好賺，點解我行街見極都有啲咁嘅舖頭喺度。仲有，到底揀手機殼有無啲咩嘢要注意呢？都係啲九唔搭八嘅廢話。

「查實黐 Mon 貼有無咩技巧嘅呢？」我問。

「緊係有啦！」佢秒回咗我。

「黐 Mon 貼呢！首先最重要一定要抹啦……要抹得乾乾淨淨……最大鑊係啲塵！」

佢不停講，講咗好耐，好似講極都講唔完咁，Facebook 嘅對話框上全部都係佢打嘅字。共產黨史嘅時間由封建時代嘅城主分地、去到法國大革命、去到英國工黨、到俄國。俄國已經革咗兩次命，塊 Mon 貼先啱啱黐到上部電話到。

「……仲有啊！好多時會有啲氣泡，就係我哋撳塊 Mon 貼落去嗰陣呢，我哋撳得唔好……」

我問佢「你係咪好鍾意黐 Mon 貼？ [ 大笑 ]」

佢話「都幾嫁………[ 馬騮掩眼 ]」

佢仲問我，「死啦，係咪好奇怪？」

「未聽過有人嘅興趣係黐 Mon 貼，」我諗咗陣，先繼續講：「好似幾得意。」

「你咁樣嘅你？！」

「我講真㗎喂！」我話。

「我唔理你啊！」佢扮嬲咗我。

跟住我同佢轉個話題又再傾落去。我哋一直 Keep 住用 Facebook 傾偈，無咩實際嘢傾過出嚟，全部都係啲漫無邊際嘅廢話。

慢慢我好似又有一種「有一個人喺身邊」嘅感覺。我盡可能抑制自己，同自己講 SY 係個暗瘡大肥婆，唔好再咁多幻想，咁樣我個心會好過啲，但係慢慢我又發覺唔得，因為一諗到佢係個暗瘡大肥婆我就唔想再同佢傾落去，所以慢慢就會幻想返佢係個普通女仔。

最後我放低電話，瞓著咗覺。

無再寫作之後，我嘅時間變得充裕好多，上晝上堂嘅時候瞓咗一覺，下晝精神返啲就攞返起前一晚酒吧份 Meun 嚟睇，跟住再瞓。瞓到咁上下，我就搭車去返工。

返工嘅時間比平時過得實在。我喺枱同枱之間來回穿梭，慢慢記熟酒名之後，阿軒就教我落單。一開始試過落錯一兩次，畀阿軒串到我無地自容，幾乎即刻想死，但之後有客舉手，我就要過去做嘢，無太多時間諗其他嘅事。

每個星期五晚嗰個女仔都會嚟依到唱歌。嗰個聲音沙啞嘅女仔，好似識得用歌聲嚟喊一樣。終於有日我鼓起勇氣，偷偷地走去問佢可唔可以得閒唱下張學友首《這麼近那麼遠》，我好想聽，但開工無得點歌。佢話好。我好高興。

唱歌係 100% 嘅天分，有啲人唱一次你就會永遠咁記得，但有啲人無論點努力都唔會有印象原來佢唱過歌。我好清楚依點，身為一個無天分嘅人，我好欣賞天才。

我同在座每個醉酒嘅人都一樣期待星期五嘅來臨，我終於可以聽到依個女仔唱歌，佢哋終於放假。經過一日漫長嘅工作，走嘅時候我就袋好一日嘅人工，離開依個地方，一個人搭上通宵行駛嘅巴士，聽住一首寂寞嘅歌。

收到 SY 嘅訊息。

「收工未？」佢問。

「做咩咁夜仲唔瞓？」我問返佢。

佢每次都話佢「煲緊劇。」

「睇咩劇？」我問。

「講你都唔知啦，你都唔睇嘅。」佢答。

「哈哈，以前無咩時間吖嘛。」我話：「遲啲再睇返囉。」

「你真係會睇先算啦。」佢仲加咗個「哈哈」嚟敷衍我。

然後，佢問我：「你啊，做嘢辛唔辛苦？」

每晚 SY 都會等我放工，同我傾偈。久而久之我除咗期待星期五，仲開始期待放工嗰刻會有個留言等住我。

我同 SY 見面應該算係一種「必然的偶然」。

十月三十一號晚，成條街逼滿扮鬼扮馬嘅人。

萬聖節嘅酒吧做到我無暇思考，所謂生存意義啊、出糧之後我要點樣做啊，依啲離地問題，至少喺返工嘅時候我都不得不將佢哋拋諸腦後。我唯有做，都只可以一直繼續做，有客人舉手就行埋去啦，枱面有嘢就去執啦，有啲問題無咁多答案。

嗰日酒吧坐滿晒人，燈光照住每一個人嘅頭頂。有啲著住件袍、有啲臉上畫滿妝容。嗰年好興小丑女，啲女人個個化到塊臉好白，著住件 T 恤、一條牛仔熱褲、一對長襪、一對波鞋，個個塊臉都畫到花晒。

我頭頂上面有兩隻角，閃吓閃吓，Kelvin 話咁樣有氣氛啲，叫我哋個個都要戴一個，但有時行過塊鏡，望一望，就算只係望到自己一秒鐘都好，我都覺得自己同依個地方好唔協調。所以當四周嘅人舉杯暢飲大聲咁笑嘅時候，更令我覺得自己不屬於此。

我覺得自己好似一個人喺一堆非洲遷徙緊嘅動物中間畫畫。

過去幾個星期，我嘅生活都一直循環：瞓到下晝，食下午茶（有時搵埋西牛，有時自己食），去上堂，跟住返工，放工之後同 SY 傾偈，經過漫長嘅一日精疲力盡之後，第二日我就瞓得更晏，然後重複第一步。

做到咁上下我鼠咗出去食支煙，就係依啲小小嘅空檔，我先可以拎到部電話出嚟撳。嬉鬧聲喺大街傳嚟，嘈嘈雜雜嘅人聲，交織住唔知邊到嚟嘅音樂，但我喺後巷再入一啲，外面嘅聲音傳到入面，已經好似隔咗一層水面。後巷好暗，唯一嘅光來自一個綠色嘅「Exit」牌。

大約半個鐘前，SY 喺 Facebook 搵過我，佢問我：「你喺邊到？」

佢之前未試過喺我開緊工嘅時候搵我。

「我返工啊，做咩？」

「以為你今日放假添，哈哈。[ 大笑 ]」

「唔係啦，依啲日子邊有得放。」我話，「聽日先放啊。」

「唔好意思囉！ [ 大笑 ]」

「你記住喇。[ 錫錫 ]」我回覆。

「咁你嗰邊咪好忙囉？」

「係啊，我都係鼠出嚟食支煙㗎咋。」

「你邊區啊？尖沙咀？」

我喺酒吧返工依件事，成個世界淨係得西牛同 SY 知。喺已經被遺忘嘅某個夜晚我有同 SY 講過，佢問我點解咁夜先放工，到底係做啲咩嘅呢？我叫佢估。便利店？定係麥當勞？我話唔係。我話我喺間酒吧做緊侍應。佢話覺得好型。我話，其實同茶餐廳幫人落單啲阿叔差唔多，無話邊個高級過邊個，反正都係畀人點嚟點去跟住收錢嘅人。佢問我做邊到。

「個人資料我唔答㗎喎。［大笑］」

「得喇知喇！［大笑］」

「你喺尖沙咀？」

「嗯。好好玩啊！你無得玩，真係慘。」佢話我，然後佢 Send 咗幅相畀我。

佢著住件 T 恤，一條牛仔褲，手上面拎住一大支啤酒。啤酒杯上面布滿水珠，白色嘅泡沫覆蓋上面。仲有佢嘅胸脯，白色 T 恤隆起嘅部分印咗一串英文。

「點先！係咪好吸引先。」

「係啊，好吸引啊。」我回覆。

我喺手機上放大咗佢幅相，聚焦佢嘅胸部，嘗試目測，但因為光影問題，我睇唔出。只係知道總體嚟講身材幾好，應該同暗瘡肥婆嘅想像相差好遠。

「返工無得飲，呵呵。」然後佢再加一大串大笑 Emoji。

「我自己好少飲啦。」我話。

「係唔係啊你？」佢整咗個奸笑樣畀我。

我好誠懇咁樣答咗句：「係。」

返返去做嘢之後，時間又變得快返。講起做嘢，我鍾意做好多嘢，然後用嗰啲嘢嚟塞爆晒我嘅時間，咁點都好過要我眼光光望住時間流走。我再意會到時間存在，係一個鐘頭零七分鐘之後。

夜已漸深，因為第二朝仲係閒日要返工，好多人已經走咗，同我想像中萬聖節嘅夜晚好唔一樣。依到唔再好似剛才咁人頭湧湧。有咗對比，就反而覺得依家變得落泊冷清。阿軒佢話佢出去食支煙，叫我頂佢一陣。

係就係咁講，不過佢行出去食煙嘅時候我都只係一碌木咁企喺度，郁都唔使郁。

阿軒佢話：「嘩，今日做死人啊真係。」

「係囉，今日咁多人都有。」

阿軒佢笑笑口咁話我：「聽日你就好啦有假放喇。」

「哈哈，OK 啦。」

阿軒問我：「你聽日去邊玩？」

我話：「無啦。」我笑笑，我話：「毒撚無乜邊到好去。」

「唉你偽毒就收皮啦。」阿軒一面講，一面拍下我膊頭，咁就行開咗。

「無女，偽咩毒吖。」我再答返佢嘅時候，佢已經變成咗一隻背影。

「唔該……」有一把聲。

我去咗抹枱，收返啲杯，有兩個新入嚟嘅客人，我帶咗佢哋去近牆嘅一個卡位坐低。

「唔該。」

依個時候，我先聽到店裡面有一把女聲叫我。

「係！」我擰轉頭。

佢哋一枱四個女仔，圍埋張枱就喺度傾偈。舉手嘅係一個漂成銀紫色頭髮，戴住一頂 CAP 帽嘅女仔。佢紮住條辮。嗰日係萬聖節，我諗咗一陣，到底嗰個係唔係假髮呢？於是我視線就定咗喺佢臉上，停咗喺佢對眼到。

「我哋想要呢……」佢話。

「係。」依個時候我先醒起原來佢想落單。

嗰個女仔著住件白色 T 恤，著住條牛仔熱褲。白色 T 恤上面有一串英文，係一隻我唔識嘅字。依半個月間我每日放工都係同依個女仔傾偈，但到我真係見到佢嘅時候，感覺又好陌生。

佢胸部有 C，挨近 D，唔算好大，熱褲、著住對波鞋，佢對腳好正。

我問佢：「你想飲咩？」

我話:「可以試吓隻手工啤」、「特別啲」、「我覺得幾好飲。」來來去去嗰幾句。

「手工啤？」佢問我：「即係用手造㗎？」

我覺得依個問題幾有佢嘅風格，所以同佢傾咗落去。

我話：「唔係啊，其實係用腳踩出嚟，好似紅酒咁。」

佢哋拉長咗個「哦——」字嚟答我。

然後我有啲驚佢哋真係信，我即刻解釋：「唔係。」「係多數都係用返純麥，Fresh 啲啊，唔會落咁多化學嘢咁樣囉。」

講完好似無講過咁，總之好飲少少，但實際上有咩分別又好難去切切實實咁講到出嚟。佢哋一齊「妖」咗我一聲。

「哈哈講吓啫，唔好咁。」我嘗試打個圓場，好彩佢哋有笑，咁我都無咁尷尬。

SY 話：「咁好吖，我想試吓。」

我幫佢哋寫低佢哋要飲嘅嘢。

我問 SY：「你食唔食薯條？」

SY 望吓佢啲朋友，佢哋有啲猶疑。我加多咗句：「唔使錢㗎喎。」跟住佢哋就不停點頭，「好啊好啊要啊要啊」咁樣答。

SY 瞇起眼，佢對我笑一笑，同我講咗句「多謝。」

「唔使客氣。」我話。

佢問我：「點解？」

「吓？」到我問返佢：「咩點解啊？」

「點解有薯條嘅？」佢問。

「係啊，」我話：「今日係萬聖節吖嘛，」我鬆鬆肩，「咁咪一齊開心吓囉。」

「多謝。」佢哋一齊同我講。

我話：「多謝我老細啦。」跟單搭多咗句「哈哈」，我就行咗去入單。

幫佢哋落單嗰時我同吧枱講咗聲，就加咗個薯條佢哋。我話「入我數，收工畀。」吧枱哥哥望吓周圍，Kelvin 啱啱走咗出去，唔喺度，吧枱哥哥就鬧鬼我，「傻仔嚟嘅，唔使啦！」咁我就走咗去，走到去酒吧嘅角落。吧枱哥哥問我：「你啲朋友啊？」我勉勉強強答咗一句，「算係啦」，跟住我行開咗，扮有其他嘢要做。依個時間人開始少，有幾張吉枱，外面偶而會經過幾個人、經過幾架車，係一個咁樣嘅深夜。

而我就一個人喺角落處望住佢飲酒、望住佢同朋友玩。SY 係個好鍾意笑嘅女仔，佢笑得好甜，膚色好白，塊臉好尖。我明知佢唔會做運動，但望到佢我就覺得佢會打網球，有依種好奇怪嘅感覺。正如望到某個人我會聯想到佢係屬於某一隻色，都係啲無意義嘅想像。

我拎咗塊布，走咗去佢哋隔籬枱到抹枱。

「啱啱無喺出面玩咩？」我問佢哋。佢哋無化妝，又無扮依扮路。

「諗住出嚟湊吓熱鬧之嘛。」SY 回答。

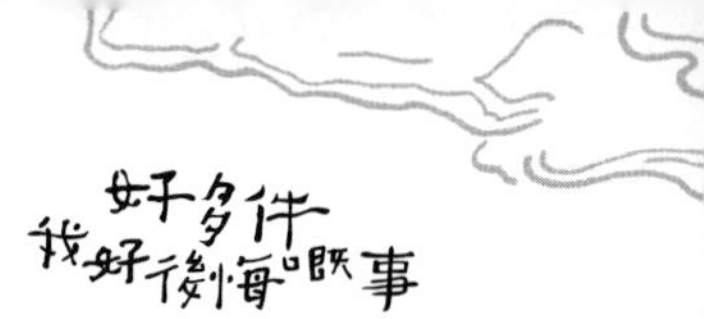


佢嘅朋友就開始高談闊論，可能因為多盤薯條？佢哋都好興奮。我同 SY 凝眼對望。佢眨眨眼，我耷低頭，抹枱。

「幾好玩吖嘛？」我問。

「嗯。」SY 答。

「出面有咩玩？」

「你無出去？」

「無啦，做嘢吖嘛，邊有得行開。」

「哦……」

佢視線無離開過我，我諗，應該係我頭頂隻角太過奇怪？

「係咪我頭頂隻角好奇怪？」我問佢。

「唔係吖。」SY 佢答我，「幾好睇吖，幾得意。」

我鬆一口氣：「咁就好喇。」

「畀個你玩吓。」我話。

「哈，唔使啦。」佢話：「聽日都唔係萬聖節。」

「唔係萬聖節都戴得㗎喎。」我隨口講，「送埋電芯畀你。」

「哈！咁多謝？！」

「唔使同我客氣。」

我哋停頓咗一陣。佢嗰三個朋友一齊望住我哋。佢換住個話題，我哋繼續傾。

「啱啱喺出面畫咗 Henna。」佢伸咗佢隻手出嚟畀我睇，雪白嘅手臂上畫滿黑色嘅花。

「好靚喎。」我話。

「係啊！」佢聽我讚佢靚就好開心咁，佢側住頭，笑住咁望住我：「上次我畫第二到呢，超核突囉！」

然後佢講起上次去畫 Henna 嘅經歷，佢覺得自己好似畀人呃咗錢咁，於是佢好唔忿氣。「上次我諗住以後都唔畫依啲嘢㗎喇！」佢不斷、不斷咁講。我哋之間一來一回嘅廢話，來回咗好耐。

「喂！你溝仔唔好溝到咁揚好喎！」SY 啲朋友叫住佢，打斷咗我哋嘅對話：「你依家有異性無人性㗎啦！」

SY 灑手擰頭，佢話：「唔係。」佢不斷咁解釋：「一時講起之嘛！」

我同佢哋道個歉：「唔好意思啊，哈哈。」跟住我就行開去，抹下一張枱，直到有人要落單，然後走。

無幾耐啲酒啊、薯條啊，就到齊晒佢哋枱。佢哋一班人好似見到薯條就好開心咁。

「吖！」SY 叫住我。

佢眼角突然閃過一道光，佢問：「你係咪飛翔的狗啊？」

我停低腳步，轉身問返佢：「邊個係飛翔的狗？」

我哋對住眼望，佢避開我。

「噢……咁……」佢耷低頭，佢話，「咁由佢啦。」

我微笑，退開。

跟住佢嘅朋友同佢繼續笑、繼續飲又繼續笑。感覺到好似一直望住我嘅背影。我行咗出後巷，點咗支煙，開返我嘅 Facebook，打開咗我同 SY 嘅對話框。一吸，一呼，長長一口氣，一個煙圈。

「你哋會飲到幾點？」

嗰個時候，我滿腦子都係佢嘅胸部。

「等我一陣，我早走少少同你一齊行好無？」我話。

「真係你嚟嫁？！」

「應承我一件事。」

「咩事？」

「唔可以同任何人講你識得我。」

煙點咗一半，一半化成咗灰，跌落地，一星火光搖搖擺擺咁向下墜。煙灰跌落嘅速度異常地慢，我就望實嗰一點光，等到 SY 覆我。

佢話：「好，我應承你。」

後面仲加咗個 OK 手勢。

SY 同朋友離開酒吧，喺 Facebook 上面 Inbox 同我講：「等我同朋友分開咗你先過嚟啦。」

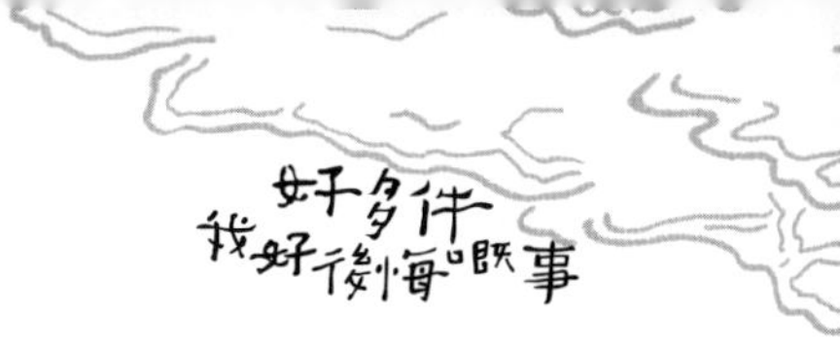


我喺原地，一直等待。

SY 轉身同佢嘅朋友講：「我行嗰邊。」

佢啲朋友聽到覺得好奇怪：「你唔係返屋企咩？」

「唔係啊，我去我朋友到。」SY 答。

「咁夜先去？」佢其中一個朋友轉吓手腕，望一望錶。

SY 無答啲乜，但佢啲朋友都無再追問。佢哋轉彎，留低 SY 一個，我轉入巷中。

雖然一個人匿喺個角落到係會好想食煙，但因為啱啱已經食咗一支，唔係好想再食咁多。酒錢越使越多，諗住食煙食慢少少嚟填返條數，不過習慣咗貧困交迫，突然拎到筆錢，一個唔為意買返晒之前無買過嘅嘢、飲返之前無錢飲嘅酒，結果落嚟都係無乜點儲過錢。轉頭一諗，算啦，橫掂儲極都唔會儲到首期，我即時放下心頭大石，順手又點起支煙。

由後巷望出去，SY 喺馬路邊好似迎賓咁送晒佢啲朋友上的士。佢挨喺窗邊，傾多咗幾句，的士終於開走。無車嘅馬路上，佢一步一步咁向依一邊行。佢垂低頭，白色 Cap 帽上面有個細細嘅 Logo，但距離太遠、周圍又黑，乜都睇唔清楚。

等到我睇清楚白色 Cap 帽上面係個好細嘅 Nike 標誌嘅時候，佢已經行到嚟我面前。Cap 帽嘅影落喺佢上半邊臉，但都可以清楚望見佢嘅輪廓，高挺嘅鼻，閃住光嘅一雙眼睛。

「Hi.」佢講。

我將煙收到背後，向地下一彈。

我問：「你係咪有打網球？」

佢好愕然咁「吓？」咗一聲，跟住佢就喺度笑。

「等我仲一直以為你係個暗瘡大肥婆添。」我話。

「你係咪失望？」佢瞇起眼。

「咁又無。」我搖搖頭：「你啲頭髮好靚，邊到染？」

「旺角咋。」佢答，跟住佢又問我：「你想染咩？」

喺一條直通向前嘅街上，我哋沿路講嘅都係啲漫無目的嘅說話。

「我都想染髮，以前有諗過漂，但都係唔敢」我話。「我好驚會好傷啲頭髮。」我話。「之前本身有諗過漂。」我話。

無諗過同 SY 第一次見面就不自覺咁講起啲生活瑣碎事。

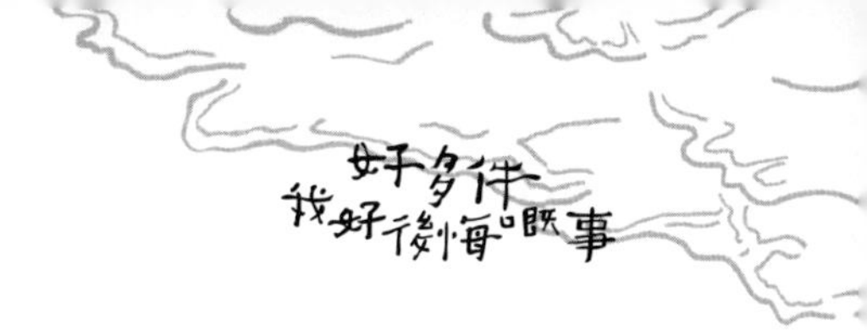


佢鬧我「男人老狗，」竟然會「咁注重髮質。」佢一手拎起佢啲頭髮話：「你唔好成日漂都無咩嘢㗎。」

我順住佢嘅頭髮，由佢後腦，去到頸，去到佢嘅髮身，到髮尾，到我手背掂住佢拎住頭髮嘅手背。

我話：「好靚喎。」

「你係唔係啊你！」佢笑住鬧，佢叫我：「唔好亂噏喎！」

「我講真。」

「先唔信你。」

「你要信我啊。」

佢忍住笑，反咗個白眼畀我。我垂低手，一路跟住佢，喺佢側面行。無人嘅夜空，我慢慢走向一條無人嘅街。嗰時我都唔太知道行緊去邊到，不過就係想同佢一路行。

佢問：「其實我哋行緊去邊？」

「我跟住你行㗎咋。」

「我都係。」

「咁唔緊要啦。」

「真係唔緊要咩？！」佢笑。

我擰咗吓頭，肯定咁「嗯」咗一聲。

佢呆望咗我一陣。「我講吓笑啫。」我問：「你住邊？」

「旺角。」

佢問我：「咁你呢？」

我話：「我住屯門。」

佢望吓隻錶，又望吓我。我望入佢眼睛深處，望入佢裡面，裡面有一個我。

SY 屋企係一間好普通、好普通嘅屋，普通到可能我今次嚟到依到，下次再嚟嘅時候我已經無咗「我曾經嚟過」嘅印象，普通到咁。

佢斟完杯水畀我就去咗執屋，佢叫我唔好介意，話間屋好亂，好唔好意思。

佢問：「你聽朝諗住搭咩車走？」

「遠少少有巴士。」我話：「再唔係可能搭地鐵。」

「你自便啦咁，當自己屋企得㗎喇。」

「唔好意思，打攪晒。」

突然間去到佢屋企，去嘅時候覺得無乜嘢，但真係入到嚟，反而開始諗，點解我會嚟咗依到呢？有啲奇怪，但又好似理所當然。佢屋企向住馬路嘅方向有一隻窗，打開窗簾，隻窗已經灰灰濛濛，睇落係積咗好耐嘅雨同灰塵，又或者，係已經好耐無人打開過依一隻窗。

「出面成人有日唱歌，好嘈㗎。」佢話

再過兩條街就係行人專用區，即係兆萬啊、H&M、戲院嗰頭。但依一邊相比起嚟就冷清得多，感覺係一條老舊到荒廢嘅街道，而 SY 屋企就係一幢幢外牆染到變黑嘅矮樓入面嘅其中一間。

「咁遠都聽到咩？」

「嗯。」

「我以為依到已經好遠。」

「其實好近。」佢跟住我，望向外面。

「咁咪成日都聽到啲阿嬸山歌。」

「係啊，有時想早瞓都瞓唔到，所以一定會夜瞓，瞓嘅時間就越推越夜。」

「咁你夜晚有咩做？」

「咪都係咁。」佢答：「上吓網、洗吓衫、沖吓涼、跟住瞓。」

「唔會飲吓酒咩？」

「一個人飲酒？」佢重複一次我嘅說話，疑惑咁望住我：「邊會吖，一個人有咩酒好飲。」佢哈哈哈哈咁笑咗陣，就話我：「你會？」

「我會。」

「唔會好悶咩？」

「少少。」我答。

「咁你又飲？」

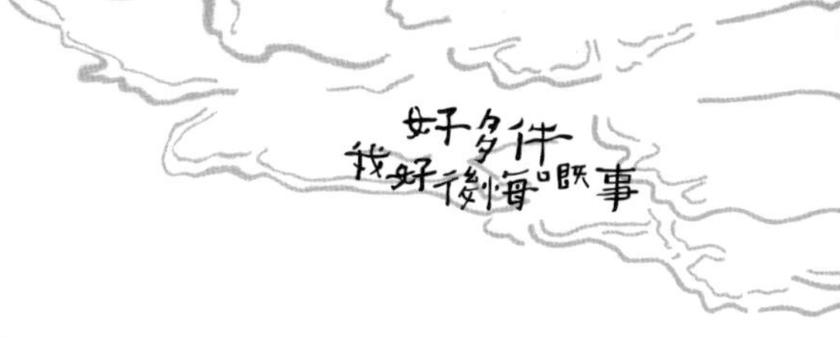


「唔飲酒無嘢做吖嘛。」

佢去咗沖涼，閂咗道門就傳嚟水聲，我一個人喺客廳嘅梳化到等。佢屋企唔係好大，幾乎我行一步路、唞一啖氣，佢都可以聽到。佢話佢沖涼好悶，叫我陪住佢傾偈，咁我無咩所謂就照做。佢喺門後面，我喺門外面，一諗到佢喺門背後一件衫都無著，有一刻我覺得依個女人屬於自己，依種奇怪嘅諗法突然喺嗰一刻一閃而過。

我是但講啲嘢：「依到附近有咩好食？」

佢又是但答咗啲：「肥姐。」

我是但應咗啲：「我好少食。」

佢話：「好好食」，仲叫我「去食吓啦。」

我話我可以請佢食：「食餐飯好唔好？」

佢問：「你約我啊？」

我諗咗一陣依啲叫唔叫做約，最後我決定：「係。」

「我第一日見你咋喎。」

原來人生過往，已經有太多只係見過一面嘅人。

「有太多人只可以見到佢一面。」

水聲靜止，靜止咗一段時間。

「嘩阿翔，突然咁感觸嘅？」

我「哈哈」咁敷衍笑咗兩吓就算。

「係咪想寫返嘢喇？」

「唔係。」我打斷佢嘅說話。

等咗一陣，水聲又繼續。

佢出嚟時候著住件白色 T 恤、一條運動短褲，踢住對拖。佢頭髮好濕，一路抹個頭，一路行出嚟。

出嚟嗰時，佢突然同我講：「就算只係見到一面，都係緣份嚟嘅。」

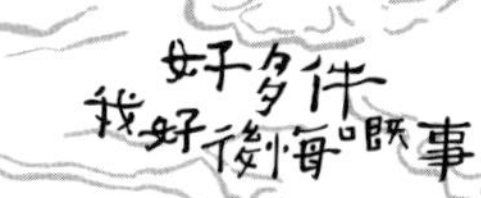


原來佢接續緊啱啱嗰個話題，有太多只係見過一面嘅人，幾秒之後我先意會得到。而我扮到好似一直明白咁樣，無畀佢發現到。對於我有依種技能我頗感自豪。

「開始覺得有啲無謂。」我話。

「無謂？」

「嗯。」

「點解咁覺得？」

「唔知呢。」

話題一中斷，諗唔到講啲咩嘢可以再接到落去，於是我沉默，佢又一樣。佢拎咗個煙灰缸出嚟，拎到我面前。

「你想食煙可以隨時食，我無所謂。」佢話。

「你見到咩？」我諗，到底佢係幾時見到。

「啱啱走嗰陣呢，你等我嗰陣，嗰陣我仲喺好遠。」佢遞咗個煙灰盅畀我，「我見你食住支煙發緊呆咁，就無嗌你。」

「唔使喇。」我微微撥開佢手，「我好少食。」

佢好詑異咁「哦？」咗一聲，又拉長咗一聲「哦——」，乜都無再問。我哋好似一路想了解對方，又一路唔想了解得太多。佢淨係同我講：「睇你唔似，你同我想像中真係好唔同。」

「又咪人一個。」我隨便咁答。

「你好特別。」

「特別樣衰啊？」我笑咗笑：「定特別乞人憎？哈哈。」

佢打開雪櫃，問我飲唔飲嘢。但我見到嘅就淨係佢將毛巾掛喺頸上，烏低身拎嘢飲嘅背影，佢臀部嘅下半邊露出喺短褲外。佢轉身，向我伸出手，遞咗支水畀我，我避開視線。

「唔該。」

「唔使。」

嗰個煙灰盅嘅存在令我好在意。我話：「你都唔似有食煙。」

佢沉默。

「你似打網球多啲，打網球啲人唔食煙。」我繼續求其講啲嘢。

佢聽到就跟住笑：「你噏乜嘢啊你！」佢笑住同我講：「我無打網球㗎！講嘢九唔搭八嘅你。」

我陪佢笑。

「我無食煙。」佢靜落嚟，收起笑容，呼咗口氣。佢慢慢答：「我 EX 先有食。」

佢喺一張凌亂嘅枱上拎起個風筒、開掣，風筒「嗚嗚」嘅轉動聲好嘈，幾乎蓋過周圍所有嘢。我坐喺佢隔籬，望住佢吹頭。佢側頭望住我，頭髮向下垂，一隻手捉住風筒，一隻手不斷咁撥佢啲頭髮，啲水潑到我。

「之前我同佢一齊住。」佢話。明明話題可以完全避開佢嘅男友隻字不提，但佢好似刻意想畀我知道依件事：「散咗之後佢就搬走。」

佢屋企嘅天花有補過嘅痕跡，白色天花，但角落處嘅白色比其他更白。客廳天花嘅正中間有把藍色扇葉嘅風扇，外面罩住個一條條鐵支組成嘅鐵罩，中間有塊金色圓形板嘅嗰種。

屋企人呢？

本來想問，但後來覺得唔應該咁問，就無問。

「一個人住幾舒服吖。」我話。

「都係㗎。」佢答，「只係有時會好悶。」

我諗佢悶嘅意思係寂寞，我估。

「悶悶吓就唔悶㗎啦。」我話：「我估。」

「希望啦。」佢微笑，問返我：「咁你會唔會有一刻，突然覺得周圍嘅事都好悶？」

「好少『有一刻』，都好少『突然』，日子一直都係咁過，慢慢就唔覺得有悶同唔悶嘅分別。」我竟然認真咁答。

「一直都係咁？」佢認真問。

「我每日嘅願望都係我可以活過嗰一日。」

佢望吓錶：「啱啱先過咗十二點，」佢話：「咁你今日咪仲有好耐要捱？」

「係啊。」我笑咗笑。

「有時會想身邊有一個人，有時突然就唔想？」佢問我：「你有無依種感覺？」

佢吹完頭，放低風筒，望住我，嗰刻我哋四目交投，佢白色T 恤嘅衣領開得好大，衣領間見到佢嘅心口，佢心口好白，兩邊乳房嘅中間，應該近右邊，有一點好細嘅粒瘻。佢胸部隆起，脹起咗佢件白色 T 恤。

我行過去，攬住佢。

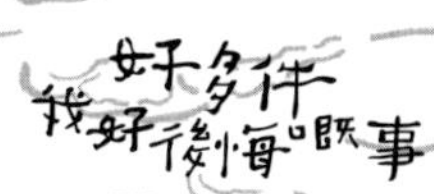


「喂——」佢喺我耳邊，輕聲而溫柔咁問：「衰仔，你想做咩啊？」佢把聲輕到，好似一個幼稚園老師問緊個小朋友嘢咁。佢兩隻手抱住我腰。佢咁樣，我反而反應唔到過嚟。

「無嘢想做。」我話。

佢無答。

我喺佢耳邊同佢講：「我想瞓覺。」

嗰晚 SY 就一直攬住我瞓，佢隻手撓到我耳仔邊，撓到我後頸。我聽住佢嘅鼻息，將頭埋喺佢嘅胸前。我忽然覺得，嗰間房好似好耐無人入過嚟咁——衣櫃櫃門關上，櫃門底下偶然攝出一兩件衫，床邊貼住窗簾嘅位置放咗一個相架、幾隻公仔，相架上面係 SY 同一個男人嘅合照。個男人梳咗個 All-back 頭，一邊耳仔戴住隻耳環，佢一手攬住 SY，高 SY 成個頭。SY 對住鏡頭，笑得好甜。

佢喺床上同我講：「你唔好諗衰嘢啊。」

「哦。」我話。

被窩裡面，我哋就咁身體貼身體咁攬住瞓。佢著住條短褲，我順住佢背後掃落去，掃到佢臀部，運動短褲近絲嘅質感，去到佢對腳，佢對腳好凍。佢捉住我隻手，拉返我隻手上去佢背後。

SY佢細細聲話：「你啊——」

我輕輕撥開佢手，手又順住落去。然後佢攬得我更實。

佢話我：「你咁咸濕嘅你……」

「都幾。」我答，「依個應該算係我缺點。」

「咩叫『應該算係』……直頭係啦！」佢攬住我，將下身更貼向我。

我話：「我好鍾意你。」

佢話：「我先唔信你啊。」

「我講真。」

「唔信。」佢反問我：「你啊，你同過幾多個女人咁講？」

我話：「我無同人咁講過，得你一個。」

佢鬧我：「算吧啦你。」

我吻向佢嘴唇，佢合起雙眼，我吔又錫，接連幾次。我手向上，摸向佢T恤裡面，去到佢胸圍邊緣。我用手指輕輕掃下佢，佢又錫咗我一下。

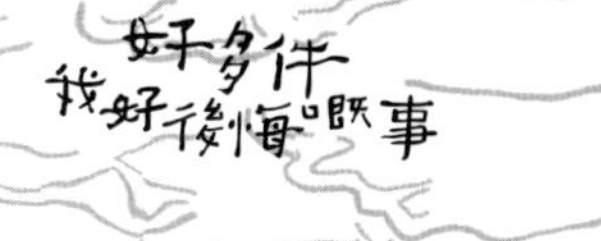


佢話我：「你咁樣同女仔講，真係有女仔會信。」

「你都係女仔啊。」

「咁我唔會信你吖嘛。」

我問佢：「點解唔信？」

「信錯點算？」佢反問我。

明明做愛係人生僅餘下來值得興奮嘅事，但忽然諗起阿怡，我又徒添傷感。我拼命抹去一切關於阿怡嘅記憶，但越想忘記，佢講過嘅每一句話就越加清晰，佢對過我笑……竟然有人會覺得我係個善良嘅人，咁樣嘅一句說話猶如詛咒。

「因為我真係會鍾意你㗎。」佢喺我耳邊講：「就算嗰種鍾意未必係男女朋友嗰種……分分鐘可能只係有時會同朋友講句『我好鍾意你』嗰種，但我真係好鍾意你。」佢講得好慢、好慢……「所以，唔好求其咁同我講『我鍾意你』得唔得？」

我騎到佢身上，吻向佢嘴唇，兩隻手抱住佢條腰，向上推，褪開佢嘅上衣。我瞓喺佢胸部上面，雙手兜到佢背後，除開佢嘅胸圍。

我試圖喺回憶中殺死阿怡，喺 SY 面前。

「做我女朋友。」我問 SY：「可唔可以？」

同時間我許下咗一個必然違背嘅承諾，為咗更順利咁進入佢身體裡面。

「我都唔知你邊句真邊句假。」

「我講真㗎。」

「你又係咁啦？」

佢摸吓我個頭，我即刻變得渺小不堪。

我伸手向佢耳仔，佢耳仔好軟，有啲凍，佢啲頭髮好滑，手背掂到佢嘅感覺好舒服，佢銀紫色嘅頭髮，喺夜晚好似一片黑夜底下嘅湖。

佢上身赤裸，喺被竇裡面。我轉身，瞓喺度，將佢轉到我上面。同 SY 親吻嘅時候我記起嘅係阿怡，因此我更加要專注喺佢身上，佢頭髮好香，散發住洗頭水嘅香味。

SY 仲鬧我：「你作故仔咁叻。」

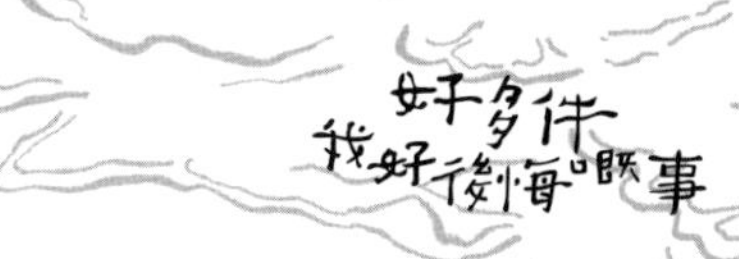


「一啲都唔叻㗎。」我話：「我唔係好識講大話。」

「我先唔理你。」

「唔好唔理我吖。」

我褪落佢嘅短褲，手摸到佢下面。佢喺我耳邊一呼一吸。佢隻手好凍，掂落我隻耳仔到。我知道我僅餘下來會愛一個人嘅時間，可憐地只剩低興奮同勃起之間。

「我好鍾意你。」我話。

可能我的確會鍾意一個人，只係由開始到結束之間有啲短促，一剎那間，類似煙花嘅開落、一滴水落喺湖中開一朵漣漪。類似係咁。

佢問我：「你有無真係真係好鍾意一個人？」

「咪你囉。」我答。

佢話：「我唔係。」

我諗咗一陣：「我心跳得好快⋯⋯」

我鼻尖貼住佢鼻尖，合埋雙眼，感受住佢嘅觸感。佢擰開，望向遠方，但手一直留喺我嘅身上，攬住我。「我好想你留喺我身邊⋯⋯」我話：「我好鍾意你啊。」

佢無再答我。

「你鍾唔鍾意我？」我問佢。

佢淨係答咗我一句：「嗯。」

NOV
1

我再清醒過嚟，而且認清到自己根本唔會鍾意一個人嘅時候，已經係清晨六點。SY 瞓喺我手臂，我摸住佢嘅頭髮，向窗口出面望。滿布污漬嘅窗口外面，又係另一片清晨嘅深藍。連一個清晨都令我諗起阿怡。

嗰晚佢默然一走，我同佢再無見過。喺酒吧返咗成個月工，Stephanie 我見過幾次，佢幾乎每次身邊都帶住唔同嘅人，有時係男人，有時女人，有時有好多個人，有時又得一個，但偏偏阿怡呢，我始終無再見過。我想行過去問 Stephanie，但一踏出左腳，右腳就停低，算啦，都係唔好喇，後來就不了了之。慢慢我連 Stephanie 都無見過，好似係因為西牛嗰排興同佢去「第二到」玩。

西牛講嘅「第二到」到底係邊到，我就唔知道。因為嗰一整個月，我都掛住喺工作同瞓覺之間來來回回，我同西牛見面嘅時間都少咗好多。

「醒喇？」SY 冷淡咁問。

佢喺窗前，背住我，清晨白光照住佢赤裸嘅上身。佢執起胸圍，戴上，然後著起佢嘅 T 恤。

我望吓窗外清晨嘅顏色，再望吓掛牆嘅鐘。「你講到好似好晏咁嘅？」我話。

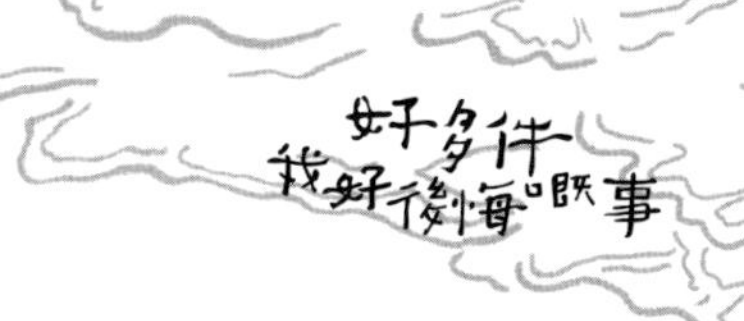


佢提起一隻腳，穿一隻腳入內褲裡面，再提起另一隻腳。我托住下巴望住佢，一時間覺得依個畫面好靚，於是想一路望實，記低佢。佢將內褲拉高，然後擰轉身，舉起兩隻手紮辮。佢件 T 恤就被微微拉高，現出內褲。

「你食唔食早餐？」佢問。

我瞇起眼望住佢嘅身影。「好啊。」我答。

我望住佢兩隻腳中間嘅空隙答。我嘅視線被佢發現咗，佢一條短褲打落我個頭到。

「咸濕仔。」

至於喺 SY 瞓緊同醒咗嘅依兩個片段中間，實際上隔咗幾耐我已經全無印象。

我拖住佢，一直喺旺角嘅街上面行，一路行到嗰條好嘈好多人嘅行人專用區。

依個叫做 SY 嘅女人，我對佢最深刻嘅印象應該只係佢一頭銀色近紫嘅長髮。可能係瞓醒無精神仲迷迷糊糊嘅關係，我對於我竟然會拖住依個女人，依然大惑不解。

我哋拖住手，沉默咗一段時間，我諗唔到拖住佢之後應該講啲咩好。至於佢諗緊咩，我當然唔知，總之再下一個講嘢嘅人係佢。

佢行行吓，就問我：「你做咩拖住我？」

佢微笑，側住頭問。佢銀紫色嘅頭髮，同雪白嘅膚色喺日光底下，好似比夜晚嘅佢更靚。

「如果我話……」我同佢講。

講到一半，停咗一下，佢等我再講落去，等咗一陣我都無講，佢就唔耐煩。「做咩啫？」佢叫我講埋落去：「快啲講啦！講講吓又唔講。」

「如果我話，我係真係想你做我女朋友，你會點？」我問。

「你唔會鍾意我㗎喎。」佢話。

我無理佢，我直接問：「可唔可以？」

佢嗰時無答到我。

跟住我同佢講：「你唔鍾意我都可以，」我吞啖口水：「又可能，如果你唔鍾意我嘅話反而仲會好啲。」

「你咁樣算係同我表白？」佢問。

「應該算係。」我話，「你唔想嘅話幾時飛我都可以。」

佢笑咗笑：「如果我唔鍾意你睇戲唔答我問題呢？」佢指住個下巴又諗咗陣，然後問我：「又或者我想你陪我返工但你唔陪，想你接我放工又唔接……」

「嗯，你都可以飛咗我。」

「噂，咁喇，如果我突然想睇人跳降傘但唔帶降傘呢？」

「依個我反而做到，所以無咩所謂。」

「喂也！」佢鬧我：「唔畀啊！唔畀唔帶降落傘啊！」

「我考慮吓。」

「總之，」我話：「你開心就得。」

「你都傻㗎……」佢捉實我隻手，停住腳步。

「你可以繼續同其他男仔去街啊、拍拖啊……我都可以。」我落力咁笑：「你唔好鍾意我就得㗎喇。」

「點解啊？」佢問。我哋兩個企喺路中心，路人避開我哋行過，人群中開出一個圓形。圓形中間係我同佢，同兩隻拖住嘅手。

「因為我唔會鍾意人……我覺得咁樣會公平啲。」

「憎死你。」佢擰轉頭：「哼！我憎死你啊。」

我鬆一口氣，笑住咁話：「咁就好喇。」

佢擰轉身，背住我行，手喺身後，一直拉住我隻手。好似有段時間，啲情侶好鍾意咁樣影相，我有諗過拎部電話出嚟影低依一刻。但一諗到影再多嘅相，回首嘅時候只會更加傷感，我無再咁做。

佢拉住我：「係咪食早餐㗎？」佢好唔耐煩，將依句說話拉得比平時長，又好似比平時溫柔。

我話佢：「你咁溫柔嘅？」

「憎你吖嘛。」佢答。

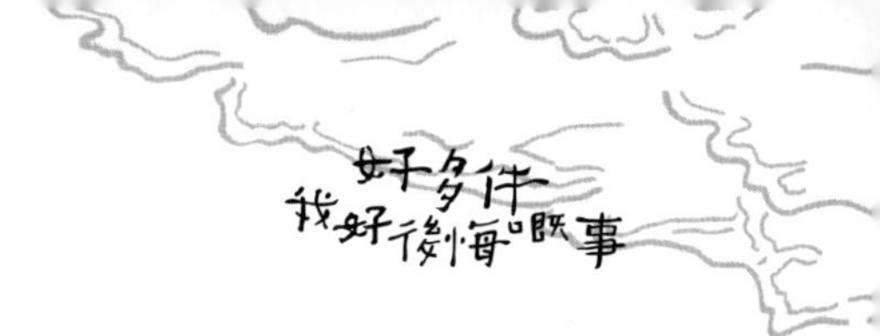


我認為喺幸福同痛苦之間來回係痛苦嘅事。

我跟住 SY 一直行到旺角麥當勞，我食通粉，佢食熱香餅。當我哋都拎到個餐埋位坐低嘅時候，SY 對我件薯餅虎視眈眈，於是我就將自己嗰薯餅分埋畀佢。

SY 撥吓佢銀紫色嘅頭髮，耷低頭，對住塊薯餅笑。「你真係好人。」佢話。

有啲無法理解。

然後佢分咗半塊熱香餅畀我。我問佢：「你唔食？」

「我食唔晒。」佢叫我：「你幫手食啲。」

我拎起匙羹，擇起塊熱香餅，將佢成塊浸咗落個通粉湯到。

SY 鬧我：「你嘥晒嗰熱香餅喇！」

我話：「咁樣好食啲。」

佢眼甘甘咁望住我，佢問：「真係㗎？」

我點下頭：「係啊。」

佢好佩服咁一邊「哦」住答我，然後佢叉住另一嗰熱香餅，「畀我試吓。」佢話。

我拎開兜湯，背住佢，我話：「唔得。」

SY 嗌住我：「喂也！」

我斬釘截鐵咁答：「唔畀。」

我無同佢講其實咁樣好難食，因為豬骨湯無可能溝得埋蜜糖同牛油。我仲有好多嘢無同佢講過。

宿舍少咗返去，有時我會上 SY 屋企到瞓。雖然抱住宿營嘅心態，拎去嘅嘢唔多，但當我知道佢竟然會想我喺到，我反而覺得依到先係我應該「返去」嘅地方。我唔知依種感覺幾時又會熄滅，但有一刻實在過，就永遠都實在過，正如活過就係活過，死亡反而無關痛癢。

好似有啲離題。

大約幾個星期之後，天空吹起些少秋風，有啲凍。SY 傳短訊畀我，叫我著多件衫。我喺 SY 屋企幫佢抹窗嘅時候，打開咗嗰一道布滿灰塵嘅窗，外面嘅秋風起勢咁刮入嚟，然後我同意 SY 嘅說話，著多咗件衫。

喺佢屋企住嘅期間，買餸係佢畀錢，煮飯用佢嘅時間，佢識煮嘅餸好多，仲請埋我食飯。佢有時仲會送件冷衫、外套畀我，佢話我咁樣著會好睇啲，都可能係我畀佢發現咗，我根本連衫都無幾件。我覺得佢對我太好，叫過佢唔好，但佢無理。佢話我奇怪，點解會唔鍾意人哋對自己好？我好似反駁

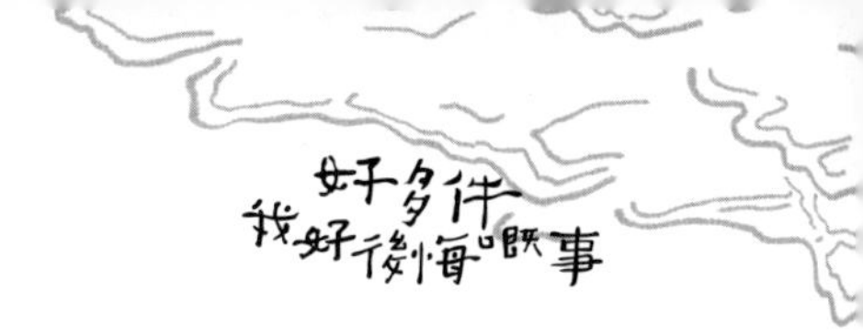


唔到佢，佢有佢道理，於是我哋就繼續咁樣生活落去。只係，如果我唔做啲嘢，我就會覺得內疚。

我唯一可以做就嘅係抹窗，我諗算係喺死亡邊緣試下服侍一個散發住生命光輝嘅人。

佢日頭返工，我返夜晚，好彩我仲係學生，反而可以就佢時間。日頭嗰時我會走堂同佢去食晏，有時會扮客人，喺佢舖頭周圍行，佢放假嗰陣我哋就行街、睇戲、食糖水，嗰陣佢帶住我，幾乎食勻旺角每個角落。我之所以認得旺角複雜嘅路，完全歸功於 SY。

有日天氣轉涼，我返咗宿舍拎外套。

SY 的確送過一件畀我，但我肯定，如果畀佢見到我淨係得一件，佢實會再買多件。為咗防止依種情況發生，我只得多走一趟。

晏晝五點半，秋天，天色陰陰沉沉，純粹靠僅餘嘅淡灰色陽光照入房間。西牛依舊喺左邊嗰張床到瞓緊，佢隔籬有個女人，嗰個女人我有啲印象，好似喺邊到見過，可能上堂見過佢，應該同系。

「喂，阿 Roommate ！」西牛見我突然返咗去，嗌住我。

嗰個女仔瞓喺西牛手臂上，佢跟住擰轉身，微微張開眼睛，望咗我一眼。

「Hi.」我答。

西牛鬧我：「咁多日唔見你嘅！死咗去邊啊你！」

「我屋企有啲事。」

「你呃阿叔咩？！都未撚聽過你有屋企嘅！」

我撓撓頭：「又好似係喎，哈哈。」

佢繼續鬧：「講！成個月去咗邊到。」

嗰個女仔轉多一個半身，終於跟住西牛嘅視線，向住我側身瞓。佢望實我。好似一隻要守護一棵樹嘅貓。

「無邊到去啊，只係有啲嘢要處理。」我解釋。

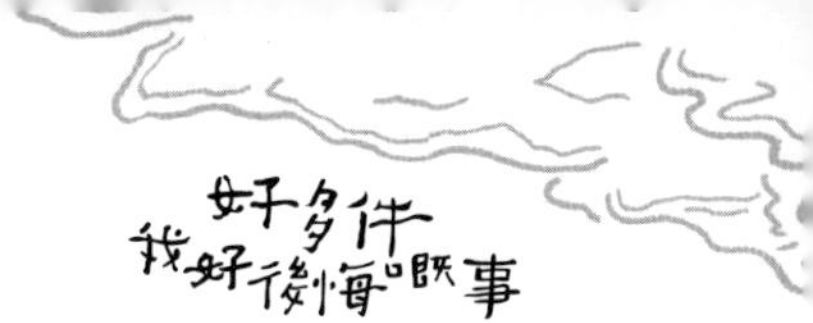


而我解釋到「處理」依兩隻字嘅時候，都覺得有啲難以置信。

「嘩，『處理』添喎。」佢對我奸笑一吓，「又去邊到食女啊？」

「無啊，真係有啲嘢要做。」我答。

「有嘢做？」佢斜眼望我，半信半疑。

「係啊。」我肯定一次我嘅說話。

西牛撐大佢雙眼，好似發現咗某啲不可告人嘅事一樣：「哦！我知喇！」

我故作氣定神閒咁問佢：「做咩？」心裡其實有啲驚，怕依個月嚟喺旺角街頭同 SY 拖住手行嘅時候，曾經被佢撞見。

「你寫返小說！」

我否認：「你咪黐線啦！」

然後我哋對望一眼，我哋又一齊大聲咁笑，互相鬧咗句「頂你個肺」。一段被笑聲同互罵填充嘅時間。

「你寫小說㗎？」突然一把女聲。

我差啲唔記得咗西牛被竇裡面一直都有個女仔喺度。

我答：「依家唔係。」

我同嗰個女仔嘅對話無再繼續落去。西牛錫咗佢一啖，我極其討厭見到依種畫面，所以我擰轉頭，專心做返我要做嘅事。我走到床底嘅櫃桶前面，打開，喺裡面拎出幾件厚衫、幾條長褲，順便拎咗一本書，然後好仔細咁聽，佢哋喺我背後做乜。跟住傳嚟西牛移動身體、牽動被竇嘅聲，少女踢腳磨擦床單嘅聲，壓住氣聲想我聽唔到佢把氣聲嘅氣聲，直到有刻突然中斷。

西牛問：「嘩，你搬走啊你？」

「唔係啊。」我答。

「你拎咁多嘢返屋企？」佢轉而又陰陰嘴笑下我，「定你搬晒啲嘢去女朋友仔間房啊！」我無答佢問題，西牛就繼續審犯咁審我：「你唔係溝女，但又成個月唔返嚟？！」

我話：「我特登留間房畀你哋玩㗎嘛！」

「吖你咁好死？！」佢笑咗笑：「唔使介意喎，搵日我哋 3P 吖喂！」

啪！少女一嘢打落西牛個頭到：「喂乜你講咩啊你！」

西牛細細聲，好唔忿氣咁話：「我講吓笑啫……」

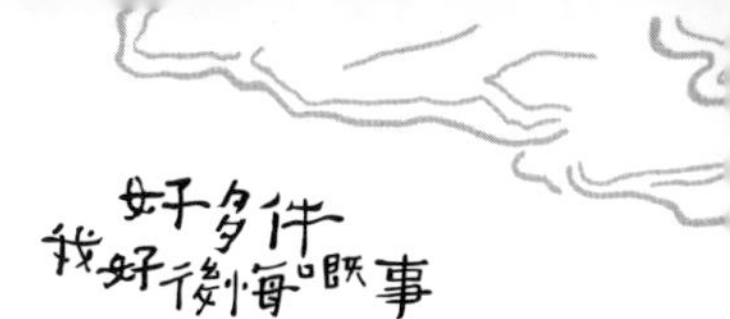


我擰轉背望到床上面嗰兩個人，覺得依個畫面出奇喜感。

西牛一路追問：「老老實實喇，你去邊啫？」

「我去我朋友屋企到住一排。」我是但答咗個答案出嚟。

「死喇！阿翔！係咪我做錯咗啲咩嘢事啊？！」佢瞇起雙眼，扮到楚楚可憐咁講：「我做錯咗啲咩啊！我改吖！」

「無啊！」我話：「佢屋企有事，我過去陪吓佢。」

故事慢慢喺佢腦海裡面成形。佢意會到嘅似乎係啲更嚴重嘅家庭問題，可能係屋企離異、屋企有人死⋯⋯佢諗所有嘢，跟住就無再追問，都唔敢再喺依件事上繼續玩我。

佢淨係問：「咁你幾時返嚟？」

成功拉遠話題，不禁又鬆一口氣。

「唔知，不過應該快。」我答。

至少以我個人經驗判斷，唔會好耐。

我將衣服統統塞入背囊裡面，顯得背囊有啲脹。我再次換好黑色嘅恤衫、黑色西褲，踢對皮鞋，喺全身鏡前，望住自己，然後揹好背囊，去返工。

我慢慢習慣依身裝束，開始覺得自己平時著嘅先係制服。

開工嗰晚，電話突然響起，螢幕上面寫住「老豆」兩隻大字。嗰時係星期五夜晚十一、二點左右。

起初我以為佢只係撳錯掣，所以我無為意，只係將電話放返落褲袋，無再理佢。

有客舉手我就行去落單，枱面有嘢我就拎，我做住同以前每日一模一樣嘅工作，著住一模一樣嘅衫。我無印象有無客人係重複嚟過，但每一個人依家對我嚟講都已經一模一樣。

星期五晚嗰個唱歌嘅女仔仲係嗰個，佢唱咗首張學友嘅《這麼近那麼遠》。唱嘅時候佢望咗我眼，因為我做緊嘢，我唔太知佢係望緊我吖，抑或只係望緊我依個方向。

每次聽佢唱歌，心裡都有種絕望嘅感覺，好似有一刻，唱到沙漠僅餘嘅綠洲都乾涸，天唔會再落雨。聽住佢唱歌，我嘅精神都會保持喺嗰種微風吹過我就會喊嘅地步。

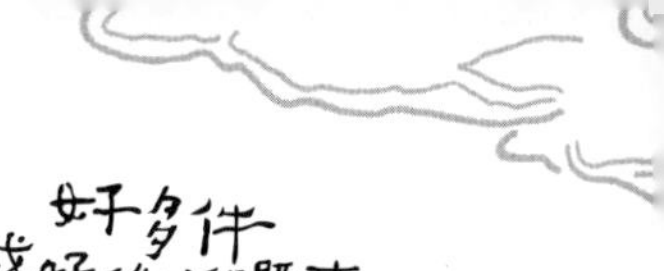


我繼續做嘢。

「幾位啊？」我向啱啱走入舖頭嘅幾位先生問。

「四位。」佢答。

我回頭望向舖面，座無虛席，飲酒嘅飲酒，唱歌嘅唱，一張張枱嘅枱面放住一桶桶花生嘅殼。

「等陣吖，未有位住。」我回答剛走入嚟嘅先生。

「哦，好。」佢咁答返我。

嗰晚部電話喺我褲袋裡面不斷咁震。遠處幾個男人企起身，我拎走佢哋食剩嘅嘢，抹乾淨張枱，迎嚟嗰幾位先生。等到佢哋坐低，我就畀左幾份 Meun 佢哋，然後第二枱客舉手，佢哋要落單。

每個人所期待嘅星期五晚，於我而言係個咁地獄嘅景象。

每當見到一個又一個人嘅人，不停咁為結束一個禮拜嘅工作而覺得慶幸，一面歡顏暢飲，一面又為下星期嘅工作煩惱，依然一臉樂觀、堅毅不屈咁重複一個又一個禮拜，完全無視死亡，我就更肯定，自己根本卑微不已，只配屈膝求存。

無遠處有個阿叔叫我：「細路，拎個煙灰盅嚟先啦。」

我誠懇而恭敬地遞上，佢接過煙灰盅。電話有一陣間中斷震動，然後又重複。「老豆」兩隻大字喺我電話上來來回回。

我拍吓阿軒膊頭，同佢講聲：「我想出去聽個電話。」

當然佢即刻鬧鬼我：「你老母依啲時間你先聽電話？！」

「好緊要，畀五分鐘我。」我話。

「唉你快啲啦！」佢一手推住我行。

行出後巷，望住部電話。對上一次老豆會打電話畀我，係我升大學之前嘅事，至於實際係幾時、做乜嘢事，我已經唔記得晒。莫名其妙嘅陌生。我打咗個電話畀阿爸。

後巷嘅坑渠流住惡臭嘅水。

「喂？」已經好無試過隔住電話聽到阿爸把聲，差少少就認唔到佢。

坑渠旁邊跑過一隻老鼠。

「做咩？」我急促地問。

「你做緊嘢啊？」

人慢慢會接受自己係一個喺依種環境裡面生活嘅人，再接下嚟嘅，就唔再係活得好定唔好嘅問題，而係習慣問題。

「我做緊功課。」我答。

「哦⋯⋯咁⋯⋯」佢問：「行唔行得開啊？」

我正想問落去嘅時候佢已經先打斷我。佢同我講「唔得都唔緊要，」佢話：「好少事嘅啫。」

「行得開嘅，但做咩？」我隱瞞咗我喺酒吧返工嘅事。

「可唔可以過一過嚟？」

「去邊啊？」

「Err⋯⋯其實都無咩嘢嘅，你唔得就算啦。」

「做咩嘢啊？」一邊畀阿軒催住返去，一邊聽住老豆講啲唔講啲，連帶我都好唔耐煩，拉長咗個「啊」字，我叫佢：「講啦妖！」

「你忙都唔緊要㗎⋯⋯」

「我問你喺邊，做咩事。」我急促咁問。

「我依家喺屯門醫院⋯⋯」

我同阿軒講聲，講低句屋企有事，佢問我祖宗十八代邊個唔係生 Cancer，我話屋企人喺醫院，佢就無再鬧。佢淨係同我講咗三隻字：「哦……」同「好啦。」

「咁你走。」佢話。

得到阿軒批准之後我連背囊都無拎，直接截咗架的士，返屯門。

嗰晚阿爸話：「唔知做乜嘢事，隻右眼突然鬼死咁痛。」

我第一次聽到老豆嗌痛。

佢同我講，「你阿媽又返咗大陸喎。」跟住佢又再三追問，「你真係無嘢做㗎嘛？做緊嘢就唔好過嚟喇，做好咗自己嘢先啦。」

竟然係佢安慰返我轉頭，「應該無咩嘢嘅，哈哈，好小事嘅啫。」佢話。

「我返緊嚟。」我答。

的士經過橫街窄巷，轉咗個彎，駛出大道。深夜嘅馬路上面好少車，燈位等咗好耐，行過嘅只有一兩個人。的士播住電台嘅節目，有時會播一兩隻歌。黑色車箱，司機嘅位置前面插住一部部電話，全部都著起燈。

喺的士後座，我拎起電話，同咗 SY 講依件事。

「老豆隻眼好痛，去咗醫院。」

「做咩事啊？！！」我諗 SY 同我一樣，一聽到醫院兩隻字都嚇咗一嚇。

「未知。」我回答。

「大唔大件事？」

「我都仲未知咩事，」我話，「依家先過緊去咋。」

「得你一個？」佢問我。`

「嗯。」我答。

「我都過去。」SY 回覆。

「唔使啦。」我輸入：「你聽日仲要返工，休息下。」

「我聽日休息啊！」

「都唔好啦。」我話：「咁夜，返去又無車。」

SY 欲言又止。

「唔緊要，應該無咩事嘅，有咩我聽日再同你講。」

「咁好啦……［沮喪樣］」。佢諗咗陣，就同我講：「我聽日嚟搵你吖。」

我婉拒咗佢：「屯門咁遠，唔好啦。」

「啤！唔係好遠之嘛！我旺角去邊都方便㗎啦！」

「屯門無咩特別嘢好行。」我辯解。

佢質問我：「我未入過屯門啊，我想去行下，係咪唔畀吖？」

「咁又唔係。」

「我聽日去屯門搵你啦咁。」

「但我仲未知老豆點，唔知有無時間陪到你。」

「你唔使理我㗎，唔使特登畀節目我！」佢話：「由我喺嗰到就得，你可以做自己嘢㗎。」

「唔使咁麻煩啦。」

「有幾麻煩啫。」點知我畀佢鬧返轉頭，「我自己入去屯門行下街唔得咩依家！」

我好怕人對我太好。特別係命不久矣嗰陣，如果身邊有個對我好好嘅人，我反而更加想死，等佢哋可以將時間投放喺更加值得投放嘅人身上。

當我去到屯門醫院，老豆仲喺度等緊。因為佢痛得未夠嚴重，所以要等好耐。

「嚟喇？」老豆佢合起一隻眼，嗰隻眼下有道乾咗嘅淚痕，淚痕落到佢對住我笑嘅嘴角旁邊：「唉啊……搞到好似好大陣象咁添。」

「唔緊要，我無嘢做緊。」我重複。

我坐喺佢隔籬，喺一大堆等到唔知等咗幾耐、等到唔知仲要等多幾耐嘅人中間。每個人手上都揸住一張籌，一個一個咁行入去。

老豆佢講笑咁同我講：「等等下就好似無咁痛，哈哈。」

「唔好玩啦。」我話。

我哋兩個坐喺嗰啲一排並列嘅藍色膠櫈上，周圍逼滿人，偶爾傳嚟沙啞嘅嗌咪聲。醫院到處飄浮住一陣消毒藥水嘅味。

醫院一切被白色填滿，同我一套黑色制服格格不入。

「公立有排等。」我問佢，「做咩唔睇私家？」

佢笑笑口同我講：「私家好貴㗎，咪等吓囉，又無嘢嘅。」

「眼嚟㗎喎。」我話。

「少少痛啫。」佢講嘅時候，依舊合實佢隻右眼。佢被太陽曬得黝黑嘅皮膚滿布皺紋。佢半禿嘅頭頂，地中海越嚟越大，慢慢超越半禿，變成四分之三，或者更多。我唔知佢有幾痛。佢轉話題同我講交通：「你咁快嘅？搭西鐵，定巴士？」

「西鐵。」佢平時死慳死抵，點都唔肯搭的士，如果我答的士佢一定好肉赤，我諗。我唔敢想像佢聽到我由尖沙咀搭的士入屯門嗰時嘅痛苦表情，可能對佢嚟講，咁樣痛苦過佢隻眼本身嘅痛。

「西鐵有學生優惠吖嘛。」我補充：「會平一半。」

「哦，又幾好喎……」佢話。

「係啊。」我轉而問佢：「隻眼依家仲係咪咁痛？」

我望向佢右眼垂下嘅淚痕。

「好啲啦，無啱啱咁辛苦。」佢話。

「整親？」我問：「定突然間就咁痛？」

「我諗整親嘅……無咩事啦。」

今次係佢第八次講「無事」。

「返工嗰陣啊？」

「嗯。」

我望吓掛喺醫院牆上嘅鐘：「隔咗好耐喇喎。」

阿爸一句都無答我，只剩呆咗咁坐喺度，撓住對手。

我問佢：「你忍到依家？」

佢都係無答。

我鬧佢：「你收工就好去睇醫生啦！仲等！」

「諗住無咩吖嘛。」

我哋沉默。然後我哋之間嘅沉默，又開始令我侷促不安。好似我一定要講啲嘢，近乎一種面對陌生人無話可說嘅尷尬。

佢問：「咁你啱啱點樣搭車嚟？」

「咪九龍塘站出去，搭到太子，跟住到美孚，搭西鐵過嚟。依到唔係好遠啫，搭多程輕鐵。」我拖長答案，怕我一停低，就會尷尬咁靜。

「轉咁多次車？」

「係啊，好彩夜晚少人上上落落，所以先咁快。」

「西鐵好吖，又唔會塞車。」

「不過有時會壞車囉。」

「依啲鐘數唔會嘅。」

「咁又係。」

我上咗大學之後，我哋就無傾過偈。

喺屋企我哋已經無嘢好傾，講生活、講興趣，只要牽涉到錢，阿媽一定會插一把口埋嚟，指住我鬧；跟住話題就變成讀書，佢幾乎無讀過書，所以依個話題又講唔到落去；嘗試過講工作，但阿爸唔會講佢做嘢嘅事畀我知，我僅餘落嚟知道嘅，就只有小學手冊爸爸喺「職業」一欄會填「建築工人」，只係咁。

「你啱啱收工？」佢望住我嘅黑色恤衫、黑色褲、一對皮鞋，佢問我。

「都唔係啱啱㗎喇，我收咗工好耐。」

「返到去咁耐仲唔換衫？」

「懶吖嘛，諗住夜啲沖涼先一次過。」

阿爸問：「你返咩工啊？」

我唔知佢聽到我去間酒吧做侍應佢會點諗。佢可能失望，但依然滿臉笑容。為咗避免要佢強顏歡笑，我決定隱瞞實況。

「我去咗間公司做實習。」我答。

「實習啊？」佢聽嘅時候好興奮，滿臉笑容，好似我今後真係會大有前途一樣。就算佢依家只係單起一隻眼睛，都睇得出裡面曾經閃過一道以為我終於可以扭轉貧窮嘅光。

我避開佢嘅視線，繼續講：「係間賣紅酒嘅公司，外國㗎，」我隨便講咗個英文名，就係嗰間酒吧嘅名：「Caesar.」

老豆聽到係外國，好滿意。佢話我：「咁叻仔啊？」

「唔係，我去做實習㗎咋。」

「你實習做啲咩？」

送餐、落單、畀客鬧。「物流、推銷、客戶服務。」我盡我最大嘅力量擠起微笑，對住佢：「咩都有啲啦，主要都係跟人學下嘢啫。」

「咁幾好吖。」阿爸拍吓我膊頭，好似好欣慰：「要畀啲心機啊，話唔定人哋之後會請你呢！」

但佢越興奮，我就越驚，我驚佢希望越大失望越大：「唔一定㗎，」我話，「佢又唔係真係一定要請人嘅。」

「乜原來係咁㗎……」爸爸好似恍然大悟咁：「不過你又唔使咁急搵工嘅，玩多陣先囉！」佢話：「屋企又唔係等你錢

開飯，唔緊要。」佢仲對我千叮萬囑：「最緊要搵到份工啱自己做！」

「嗯，我知喇。」我答。

時間一步一步咁向前行，我同阿爸喺一邊門口等完，又去另外一邊門口等。阿爸用紙巾印吓眼角，向下掃，淚痕消失無蹤，佢依舊單起一隻眼，望住我。

「平時都係著西裝返工？」佢問。

我點點頭，我「嗯」一聲咁答佢。

佢問我：「你哋可以著黑色恤衫㗎？」

依個時候，我先記得我嘅制服係件黑色恤衫。

「哈哈，啱啱諗住拿拿臨出嚟吖嘛。」我解釋：「件衫我出嚟求其換㗎咋。」

佢信咗我。我鬆一口氣。

「西裝褄呢？你有無西裝褄啊？」然後佢好擔心咁問我：「話就話實習啫，唔好失禮人啊。」

「我有喇。」

佢問：「仲係著緊入大學面試嗰件啊？」

我隨便答咗句：「嗯。」

「皮鞋呢？有無多對？」

我笑笑咁話：「咪又係之前嗰對。」

佢伸手去腰包，又拎咗個銀包出嚟。佢一面拎，一面叫我：「你去買多件衫啦。」佢話：「出嚟做嘢，啲人好睇行頭㗎。」

「我依啲 Intern 唔使咁誇張㗎。」我講到好似我真係做緊 Intern 咁，真係可悲。

爸爸又停咗一下。

「實習無人理㗎。」我話。

「咁都係啫。」佢拎咗兩張五百蚊出嚟：「嗱，你第時返工都要著㗎啦，唔會晒㗎。」

「唔使喇。」我撳住佢隻手，微微推開佢：「依家做緊嘢，我自己有錢。」

佢叫我：「趁你阿媽唔喺度啊，唔係佢見到又鬧㗎喇！」

「唔使。」

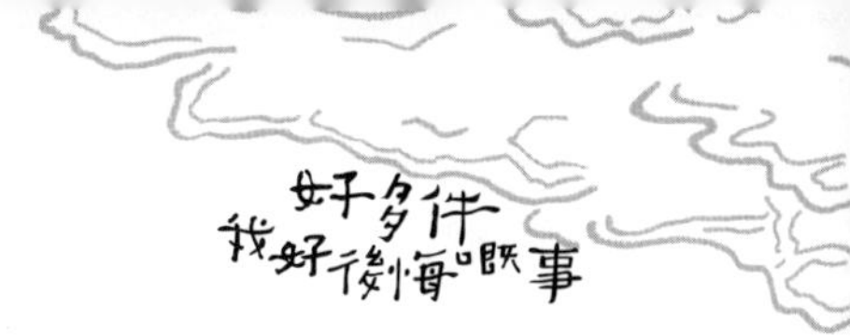


醫院周圍坐滿人，有時嗌到某個名，某個人就行開，一個新拎籌嘅人就坐低。

「咁多人，啲錢你收埋先啦。」我話。

佢叫我：「你係夠先好啊。」

「我真係夠使㗎喇。」

「你唔夠真係要出聲啊。」

我慢慢推開佢隻手，一直推到佢肯將張五百蚊紙收返落銀包裡面，我先敢放手。

醫生話阿爸隻眼無咩大礙。佢痛，係因為開工嗰時畀火屑彈到隻眼。

「開工整親你又唔出聲。」

「諗住無咩嘢吖嘛。」我哋重複。

離開醫院嗰時，我哋之間嘅對話，來來去去都係依兩句嘢。老豆隻右眼冚住紗布，嗰時已經接近清晨，麥當勞開始有早餐，但天仲未光、輕鐵未開，街燈著住亮眼嘅黃光，沿河白燈暗淡咁照喺河面。

「好心你開工小心啲啦。」我話佢：「成日都係咁。」

「係差兩點焊，諗住嚎嚎聲搞掂佢吖嘛……」

「兩下都係啫。」我問佢：「聽日唔使開工吓話？」

等到我聽到佢話「唔使」，我先至放心落嚟。如果聽日唔係星期六，佢一定會講句「無嘢」，然後走去開工。

「拿拿聲返去瞓覺啦。」我話。

我哋走到馬路邊，截咗架的士。我同阿爸講，「依啲鐘數無車㗎喇。」同時間伸出手，有架的士停低咗喺我哋側邊。佢要咁樣先至會肯搭的士。

的士裡面播住歌。

阿爸問我：「你聽朝使唔使返工？」

「唔使啊。」我答，我盡可能將可以將答案拖長：「聽日星期六吖嘛，好少要開工。」

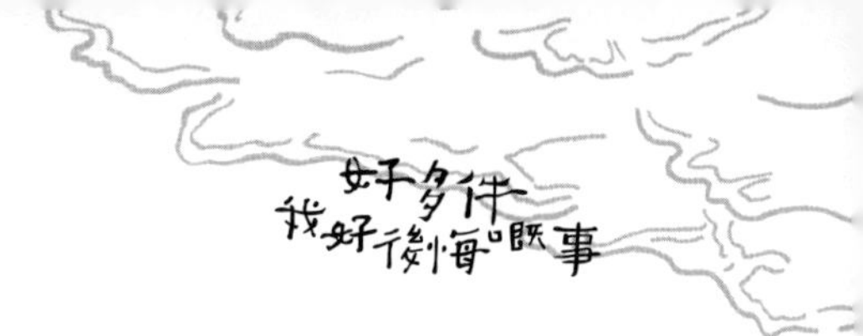


「聽晚喺唔喺屋企食飯？」

「應該唔喇。」我話，「聽晚我就返去。」

「做嘢啊？」

「唔係，係差啲功課未做啫。」

聽晚係星期六，當每個人都放假嘅時候，正係我哋最忙嘅時候。

「咁你快啲返去做埋佢啦。」

「嗯。」

的士一直走走停停，收音機 DJ 得閒出嚟講兩句，一轉頭，音樂就起。

「又要做功課又要返工，攰唔攰？」

我將我朋友實習嘅經驗覆述咗一次出嚟：「份工無嘢做㗎，坐喺寫字樓印下嘢咁㗎咋。」我將佢講嘅故事，當成係我嘅經驗，講畀阿爸聽。

「寫字樓工好啊。」佢話：「又有得坐，又有得涼冷氣。」

阿爸成日叫我要讀好啲書，第時搵份寫字樓工。佢好強調寫字樓，好強調，唔好做啲辛苦嘅工。

「寫字樓都有辛苦工㗎。」我話。

「起碼有冷氣涼吖嘛。」

係，佢仲好強調要有冷氣。

記得我讀緊中學嗰時，我每日都係對住部電腦打機，背住屋企門口坐。有時阿爸返嚟，佢就成件衫濕晒，藍色嘅牛仔褲黐滿泥。佢將啲衫掉入大黃色膠兜嗰時，一開水浸住啲衫，水就會染成泥黃。佢總會雪定一支冰水喺雪櫃，一返到嚟就會打開雪櫃飲。有時因為太熱，返到嚟無胃口食飯，等到晚飯就會食粥。佢話次次返嚟都見到我打機，我話我就打完，其實係食完飯之後繼續打。我哋食飯唔會傾偈，食完都唔會。

佢係我阿爸，除此之外我同佢幾乎毫無交集。

「我未有咁快搵工啦。」我話，「依家仲有成半年讀。」

「慢慢啦。」佢話。

的士駛上一條橋，好快咁經過欄杆、經過一啲樹，佢哋都變成一片灰色同綠色嘅影，喺我哋眼前掠過。唯獨遠處嘅燈柱會郁得慢啲，一步一步咁往後退，跟住的士轉彎。

佢問我：「做作家真係唔好咩？」

我解釋：「作家唔係一份工嚟㗎。」

「咁係咩啊？」佢問我。

佢直接咁問，反而將我考起。

「係啲類似興趣嘅嘢。」我嘗試解答佢嘅疑問，滿懷疑問地。

阿爸無再講落去，我哋之間嘅沉默夾雜住一首歌。英文歌嚟，之前我未聽過，節奏緩慢旋律柔和。的士經過一棵棵樹，停喺燈位前，外面「噠噠噠噠」咁響。車箱裡面飄散住一陣空氣清新劑嘅味道。

「類似打牌同打機咁囉，雖然好多人會想將麻雀同打機變成自己嘅正職，但最後只有好少人可以做到。」我補充：「係100% 天分嘅事。」

「可以出書已經好叻啦。」佢對我講。

「書局大把書啦，但真係有人會拎上手揭嘅可能得一兩成。」我笑吓，同佢講：「我啲書嘅作用呢，只係令一間書局裡面有多啲書，令到一間書局似一間書局。」

阿爸擘大眼，聽住我講，表情似懂非懂。我唔知佢明唔明，希望佢明。「你估你個仔係天才咩？哈哈。」我自嘲，跟住佢跟住我笑，我諗佢應該明。

「你以前成日話你係天才嚟㗎啦。」佢突然同我講起以前。

所以我同佢講以前：「以前吖嘛。」我繼續講：「唔好對我有咁大期望。」

「嗯。」佢答。

我哋之後無再講嘢，佢會瞌埋眼瞓，我會望窗，或者聽歌，一直維持到的士去到我哋屋企樓下，然後落車。

電台嘅歌悠長而沉靜，爸爸一邊眼冚住紗布，一邊眼合起，頭仰後，挨住的士嘅椅背。慢慢，我諗佢應該瞓著咗覺。

一眨眼我已經幾個月無返過屋企。因為唔使再喺屋企拎錢，依家我可以返宿舍，可以去 SY 到。所以我行到屋企鐵閘門

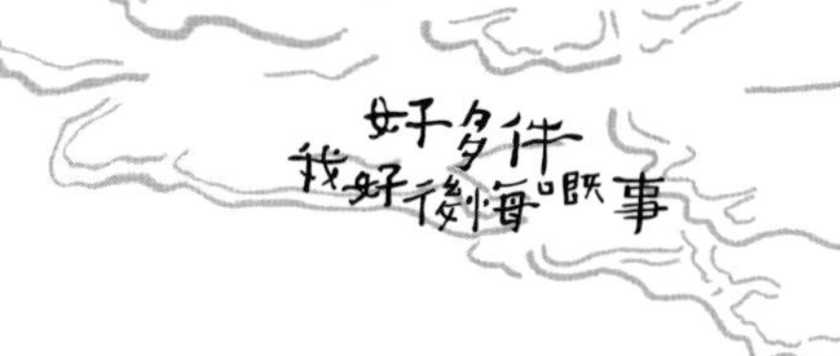


口，先醒起連屋企鎖匙都放埋咗一邊，無帶出嚟。好彩阿爸喺度。

我起身嗰時係下晝一點。陰天、下晝，陽光穿過灰雲，暗淡咁鋪喺屋內。我經過阿爸阿媽間房，阿媽返咗大陸仲未返，阿爸仲扯住鼻鼾瞓緊覺。嗰個下晝，屋企得返我同阿爸兩個人，無開電視、無收音機，淨係開咗兩扇窗。外面偶爾傳嚟輕鐵嘅剎車聲，偶爾有一兩個細路喺公園大叫，除此之外，乜嘢都無。一個寧靜嘅午後。

SY Inbox 我，佢問：「世伯點啊？」

「醫生話佢無咩嘢，係燒焊嗰時整親。」

「你依家喺邊？我過去搵你啦～」

「我返咗屋企。」我回覆。

我轉頭望望房入面，阿爸仲瞓緊覺，我諗出去一陣應該無咩事嘅。

「我轉頭出嚟。」SY 回覆。

我打開衣櫃，因為好多衫都拎咗入宿舍，所以我勉勉強強先湊合到一套著得出街嘅衫。屋企得返我同老豆，我喺個廳到就咁除咗條褲換另外一條。依個時候，阿爸醒咗，佢捽吓佢無冚紗布嗰邊眼，行咗出廳。

佢問：「你食咗飯未？」

我搖搖頭，我話：「未。」

「咁出去食？」

「啊……」

啱啱約咗 SY，總唔能夠由得 SY 一個人喺屯門到周圍行，一路等到我哋兩個食完飯；但難得有一次竟然會返到屋企，我一個人掉低阿爸自己出去同女人食飯，又好似有少少奇怪。

阿爸單眼掃向我著緊嘅半條褲：「你約咗人喇？」佢話：「咁由佢啦，你出去食啦。」佢對住我笑：「唔緊要啦，食飯啫。」

我著返好條褲，拎起電話。我問 SY：「你介唔介意同埋我老豆一齊食？」我補充：「我無特別意思，唔想掉低阿爸一個食啫。」

SY 佢 Send 咗兩個撐大眼嘅愕然 Emoji 過嚟。然後佢話：「好啊，OK 啊。」

「阿爸啊，我朋友同埋我哋一齊食，你唔介意啊可？」

「唔好喇，阻住你哋。」佢笑笑，推走我，「你哋後生仔自己玩得開心啲啦。」

「唔緊要㗎，我哋成日都見，一齊食無所謂。」我解釋。

爸爸遲疑一下。佢問我：「男仔定女仔嚟㗎？」

我話係「女。」

佢「哦」咗一聲，就無再講啲咩嘢，然後去咗屋企另外一個大衣櫃，喺裡面搵，搵咗件平時去飲嘅恤衫出嚟……

我即刻嗌住阿爸：「喂！唔使咁誇張喎！」

嗰日 SY 紮住馬尾，戴咗頂 Cap 帽，馬尾跟住佢嘅腳步搖搖擺擺。佢著住一件黑色 Nike 運動外套，一條牛仔褲、一對 Converse，明顯比佢平時著得簡樸好多，無再著短褲短裙。但阿爸啱啱相反，喺 T 恤外面仲著多咗件恤衫，比平時斯文。可能大家都想大家睇自己順眼啲，所以突然就有咁嘅落差。

作為一個第三者去望住佢地，忽然覺得好好笑，好似望住個地球轉完一圈返到原點。

「Hello uncle ～」SY 對我阿爸，微微點一點頭，打咗個招呼。

「Hi.」阿爸揚起手，然後好快垂低，有啲侷促不安。

阿爸隻眼仲冚住紗布。「Uncle 你隻眼無咩嘢吖嘛？」SY 問。

「無咩事啊，有心。」爸爸單住眼答。

SY 買咗幾盒藍莓畀阿爸：「藍莓對隻眼好啊！」藍莓就放喺一個紙袋仔裡面，喺好遠處就可以見到 SY 拎住個袋。

「唔使咁客氣喎。」

「又唔係啲咩矜貴嘢！」SY 答。

阿爸聽到笑咗笑，佢收到好似好開心咁，可能佢好鍾意藍莓，又可能根本唔關藍莓事。佢講咗句「多謝」，就接住個袋。

星期六午飯時間成個商場都逼滿人。有好多大陸人，用普通話大大聲咁叫，叫佢哋啲團友嚟依邊啊、去嗰邊啊、不斷咁大喝佢哋啲細路。我哋去到間餐廳，等咗陣位，就坐得低。到處都係交投接耳、杯碗與餐具交擊嘅聲。

我哋搵到位坐低無耐，SY 就行開咗。阿爸喺我耳邊細細聲問我：「佢係咪你女朋友仔啊？」

我話：「唔係。」

「有無鍾意人？」

我避開咗個問題無答，所以阿爸覺得我有。

佢叫我：「人哋咁好女仔，你就落力啲追人啦！」

SY 同阿爸越嚟越好傾。SY 係個同咩人都好好傾嘅人，我諗。雖然有啲唔好意思，但係我叫咗 SY 扮做我同學。SY 同意，阿爸應該察覺唔到，事情最後就咁樣進行。

「世伯，食唔食薯蓉？」

「好啊。」

「世伯，意粉呢？想食白汁定茄汁？」

「嗯……咁好似茄汁好啲。」

「肉醬意粉可以加芝士嗝，世伯你唔鍾意啊可？」

「唔介意，你加啦。」

「Pizza 呢？世伯你食唔食辣㗎？」

「小小好喇。」

「咁唔辣啦。」

「小小唔緊要㗎喎。」

「無所謂啦。」SY 笑笑回答，佢繼續問，「咁嘢飲呢？飲唔飲檸茶？」

「有無汽水？」

SY 佢即刻答「有！緊係有啦！」

我阿爸話，「咁七喜吖。」

SY 點點頭，「嗯。」跟住佢就行去落單。

阿爸搭搭我膊頭，佢叫我，「你同埋人哋去啦。」

我跟住 SY、離開座位，去到收銀機前面嘅隊尾。阿爸唔識玩電話，無嘢做，於是就一個人霸住位，一個人望住隻窗。啲人埋去見到有吉位，就問佢個位有無人，阿爸點點頭，「有。」啲人就走開。

SY 同我講：「你爸爸都幾得意吖。」

「係咩？」我話。連我自己都唔係好清楚我阿爸，所以我都講唔到啲咩：「你同我阿爸都幾好傾㗎喎。」

「OK 啦。」

落完單，返埋位，侍應送咗兩碟薯蓉過嚟，佢哋又繼續講。唔知點解佢哋好似講極都講唔完咁。

阿爸：「佢平時有無問你抄功課？」

SY：「無啊，啲功課都係自己做嘅。」

爸爸：「麻煩你睇住佢喇。」

SY：「邊使我睇住佢吖仲。」

我拎起兩隻碟，將薯蓉分畀佢哋。

爸爸奸笑一下：「你特登入嚟搵我個仔玩㗎？」

「都唔係嘅，咁啱嚟開依一邊啫。」SY 溫柔咁笑，禮貌得體咁答。

阿爸又同我講：「哈哈，咁耐未聽過你講你啲同學仔嘅？」

我抹抹啲刀叉碗碟，分界佢哋：「我又唔係讀中學！」

SY 話：「平時我有好多功課唔識都係阿翔教我㗎。」

爸爸聽到佢咁講，好似好意外：「真係㗎？」

「係啊！」SY 答。

阿爸好似好開心。佢拎起支叉，食咗啖薯蓉。我問佢：「好唔好食啊？」阿爸話：「好食啊。」佢問我哋：「依個叫咩名話？」我哋答：「煙肉芝士焗薯蓉。」

其實，我係第一次見到佢食飯同麵以外嘅嘢。

「後生仔係咪都係食依啲？」

聽到佢咁問，我突然覺得好好笑。唔係恥笑嗰種，係突然覺得佢好可愛嗰種。

「我哋都會食乾炒牛河㗎阿爸。」我答。

SY 佢笑咗笑。

SY 問我阿爸：「咁世伯你平時返工食咩？」

「有咩好食啊？」老豆理所當然咁答：「睇下附近有咩食，咁咪食咩囉。」

「咁啫係咩啊？」SY 問。

「附近有飯堂咪食飯堂，有茶記咪食茶記。」

SY：「咁世伯你有無咩鍾意食？」

爸爸撓吓頭：「吓？」

SY 望實我阿爸。

「無喫喎……」阿爸答。

SY：「唔鍾意呢？」

老豆異常認真咁諗咗一陣，SY 屏息靜氣。我坐喺側邊，望住依兩個人，慢慢我擰開視線，離開佢哋，望向落地玻璃外來來往往嘅行人。星期六嘅中午，出面好多人行。

「青豆。」阿爸答。

我第一次聽到阿爸有嘢唔鍾意。

食飽之後 SY 提議去屯門公園行下，佢話佢好少入屯門。佢哋沿住紅色嘅單車徑，走喺河道同綠樹之間，樹好高，樹椏叉到單車徑嘅頭頂，陽光照落嚟嘅影子縱橫交錯，好似平鋪地上嘅一堆碎石變成咗影，形狀不規則咁一格一格。我跟喺佢哋後面。

## NOVEMBER

SY 好照顧我阿爸，又應該話，SY 好善於照顧每一個人。

SY 幫我老豆拎住佢送嘅幾盒藍莓，佢哋兩個一路行嘅時候，個紙袋就前前後後咁擺下擺下。老豆答 SY 每一句嘅語氣，都緩慢而沉穩，對比 SY 嘅活潑，同溫柔，兩個人嘅背影好似金黃色陽光下吹過樹葉沙沙作響嘅一道秋風。如果 SY 有日做我老婆，一定係一件好幸福、好幸福嘅事，我諗。係一種類似「攬住一隻大大隻好軟熟嘅卡比獸公仔慢慢咁安心入眠一覺瞓到天光」嘅幸福。

之後嗰晚我射咗波無返工。

趁住 SY 出去，我上咗去佢屋企，沿途買咗份報紙、買咗支藍威寶，幫佢抹窗。我上到去嘅時候已經夜晚，成間屋黑晒，我一個人坐喺窗邊，外邊照嚟各式商舖招牌射燈嘅光。啲光經過我，喺地板上照出一隻側坐嘅影。

抹窗嘅時候，我點咗支煙，用佢個 Ex 嘅火機、佢個 Ex 嘅煙灰盅。一點火光喺黑暗中顯得格外刺眼，我用手指夾住支煙，慢慢喺黑暗中移動，留低一條條線嘅殘影。

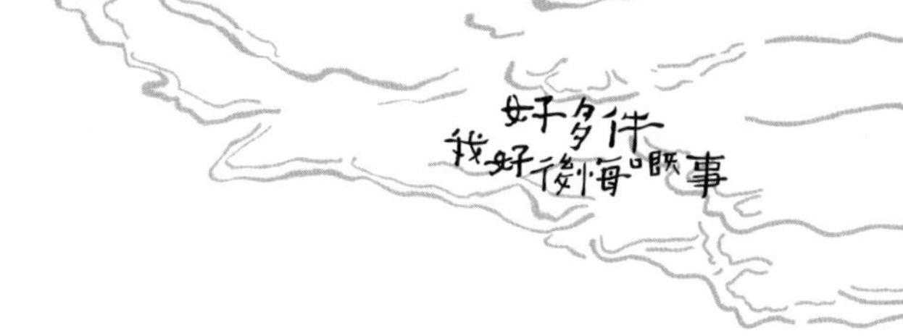


深呼吸。

抹窗一定要用報紙，因為報紙嘅油可以帶走水漬，只要用力一啲，細心咁抹，就會比起用布嘅效果好得多。不過，最後報紙一定要帶返走所有水漬，如果唔係就會前功盡廢。

一道道光經過窗框照射入屋，白色射燈，喺屋裡面畫出一間一間，鋪喺枱面上、鋪喺櫈背、鋪喺地下。

我拎起水桶，將抹完窗嘅水倒落廁所，然後將我用過嘅煙灰盅洗好、仔細咁抹，最後將煙灰盅放返原位、將火機放返原位。我閂好窗簾，將佢屋企嘅鎖匙都放返原位。

嗰日我留低嘅，淨係得佢張枱面上嘅一張紙條。我同佢講，我想分手。當然我有諗過用其他方法，但我確實無當面同佢講嘅勇氣。

至於原因，我可以用「唔夾」、可以用「淡咗」，但最後我選擇放棄，只可以坦白咁寫，「我想一個人」。離開前，回頭望返依間屋嘅一切，帶走所有我拎嚟嘅嘅衫，放低晒佢送過畀我嘅嘢。

「無能力好好咁接受幸福，我好抱歉。」

依句係紙條嘅最後一段。

## NOVEMBER

拖住個篋，行到旺角街頭，喺人來人往嘅街道中心，一直企喺度。係一段對眼打開，望住一個方向，但完全無印象自己睇過啲乜嘅時間。我打咗個電話畀西牛，等咗好耐，佢先聽我電話。

「喂？」久違而熟悉，好似回音一樣，喺我故事裡面不斷出現。

我話：「我想飲酒。」

我人生第一次拖住個篋去飲酒，好自然一坐低，西牛就圍繞住我個篋嚟笑：「你去旅行返嚟？定係你畀人趕咗出嚟啊？」

佢一面指住我，一面笑。佢問我：「今晚有無得瞓梳化？」

嗰晚好想飲 Whisky。

西牛佢伸手同我碰杯：「飲啦。」

仰頭又再飲多啲。

佢問我：「你又做乜啊？」

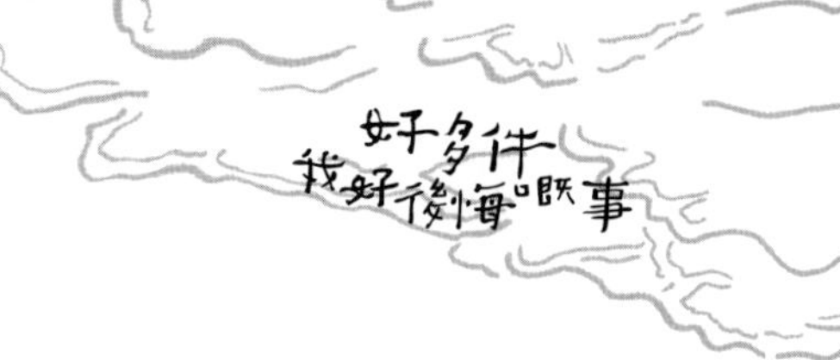


「無嘢。」我話。

「哦……」佢靜靜咁飲啖啤酒：「咁無嘢咪幾好。」

我問：「你覺得你係唔係一個正常人？」

佢聽到我嘅問題，呆咗呆：「正常人？」佢當堂大笑出嚟：「我緊係正常啦！正常過唔正常啊！」

「你有無一啲好後悔自己做過嘅事？」我問。

飲緊啤酒嘅西牛握住隻杯，停咗喺度。佢問我：「你講乜話？」

「我想問吓正常人嘅意見。」

「你唔正常咩？」

「正常。」我答：「我只係想知道自己係咪同正常人一樣。」

佢異常認真咁望實我，伸隻手過嚟，撳住我額頭：「你係咪黐撚咗線？」

「由佢。」我又飲一啖酒，望住杯底，慢慢咁飲，呼一口氣，放低杯。「唔緊要。」我話。

「你話後悔……」然後佢問返我：「係咪講緊無戴套就中出咗條女嗰啲後悔？」

我話：「唔係。」但我諗咗一陣，又再重複多一次：「唔係。」否定咗上一句「唔係」。「就算只係一啲類似咁樣嘅後悔，有無少少？少少都好。」

莫名其妙，我竟然對佢哀求，希望佢試過後悔。

「喂！搞大咗條女喎！」佢理所當然咁答，跟住，佢突然就撐大眼，捉住我手臂，喺我耳邊用氣聲問：「唔係吓話？！阿翔你……」

「我問吓啫。」我打斷佢嘅說話，將佢推返原位。

佢坐返開：「咁係咩事？」

「只係想知。」

「我又未試過喎——」佢一路講，一路諗，然後話：「不過，我諗，我會煩惱多過後悔。」

佢有佢道理，我諗，的確係一件好煩惱嘅事。好多法律、好多手續、仲可能會牽涉倫理、道德、點樣先為之一個人咁樣嘅問題，諸如此類。

「其他小事呢？小事有無？」我追問：「類似『後悔小學出貓畀老師捉到』嗰啲。」

「你依啲叫戇居。」佢叫我：「你應該反思。」

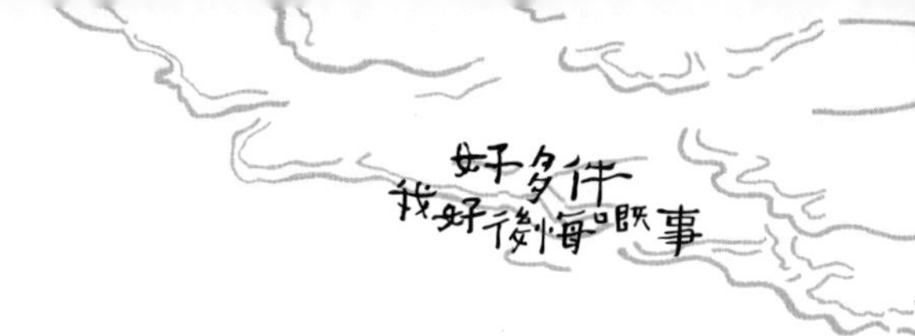


「『買六合彩後悔買錯隔籬 Number』，或者『買鞋後悔買得貴咗』？」

「嗰啲係命。」

唔知點解，越問我就越係膽怯。

「咁你同你啲前度分手嗰時呢？」我無實指佢邊個前度，可能邊個都好：「求其一個，總有一個你會好後悔啩？」

我真誠懇求。

佢眼尾都無望過我，但佢又好似好認真咁思考緊我嘅問題。佢問：「你有無中出過條女？」

我苦笑一下：「依個唔係煩惱嚟嘅……」

佢陰陰嘴笑，可以幻想到佢正幻想緊一個點樣體位嘅女人，「噢，」然後佢一臉惋惜，搖搖頭，「嘥料。」

「你真係一啲後悔都無？」我向佢再三確認。

「你講有無分手，定係有無中出？」

「是但。」

「無。」

「點解？」我問。

見到西牛飲啤酒，搞到我又好想飲啤酒，我舉手，侍應又拎咗一大杯啤酒過嚟。西牛話要同我乾杯，我無理佢，佢話見係我，抵諗啲，話飲一半就得。嗰時我覺得幾抵，一口氣飲咗大半。

「後悔係講緊你做錯咗一個改變命運嘅決定。」

「咁……」

「你覺得一兩個決定改變到命運？」

酒飲得太急，好似慢慢抽離依個地方，喺我眼前嘅一切越嚟越遠，同我講嘢嘅人好似唔係同我講緊，好似睇緊轉播。

「如果，我話如果。」我慢慢咁講，怕自己有一隻字咬得唔清：「如果你突然間同一個女人分手，四十年後先再覺得依個女人可愛，你會唔會後悔？」

「因為你係個『會記住一個女人成四十年咁耐嘅男人』。」

「你都係覺得唔關後悔事？」

「你依啲係戇居。」西牛答。

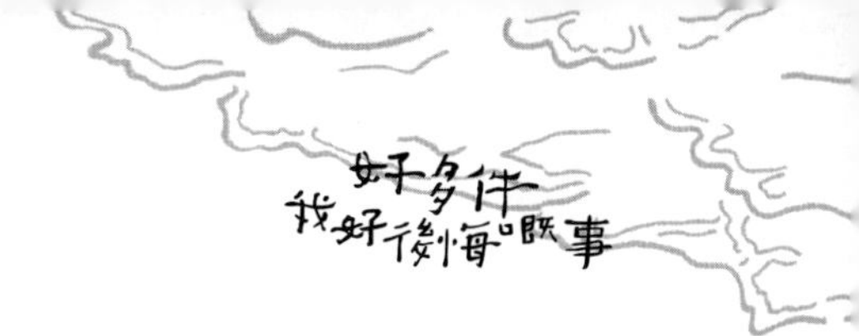


聽到佢咁講，我即刻鬆一口氣，有佢嘅說話我就更加相信自己係個正常嘅人，滿滿嘅飽腹感令我噁心，一返到宿舍就嘔。

「你唔飲得仲飲咁多。」

喺宿舍嘅廁所裡面，我對住馬桶嘔下又停，停下又嘔。西牛企喺廁格外面，撓住手，睇住我。

「咁廢嘅你。」佢話：「好彩你唔係喺的士到嘔。」

「你——」我講到一半，又「噁」一聲，嘔出一個夜晚。

佢問我：「你銀包喺邊？」

我指指個後褲袋。

隔咗陣，西牛同我講：「拎咗你的士錢啊。」

我對住馬桶，右手遞起畀咗個「OK」手勢。

「咁你慢慢喇，我瞓先。」西牛仲同我講多咗一句「早抖」。

「得——嗯——我自己——嗯——搞得掂——」

「好啊。」

西牛聽到我咁講，佢就連廁所門都閂埋，由得我一個人喺入面。

「嗯——」

對於嗰晚我飲咗幾多、嘔咗幾耐，我都已經無乜印象。嘔到七七八八，我揿住廁所邊，慢慢咁撐起自己，爬出去。我跌跌撞撞走到洗手盆邊，洗下塊臉，嗽個口，醒起自己想飲水，先至再跌跌撞撞咁拉開房門，行出 Lounge。

行到出去我無飲水，直接喺 Lounge 嘅梳化到瞓著咗覺。

瞓著嘅時候仲聽到雀仔唱歌，醒返時候已經日落西山。夕陽黃色近紅，瞓喺梳化，望住隻窗，陽光直接照到我臉上。

慢慢撐大眼，望吓周圍，我冚住番被，梳化前面嘅矮茶几上有一杯水。西牛一定唔會咁好人，但我又諗唔到係邊個。諗起全日啲人喺 Lounge 出出入入，一個二個睇住我瞓，即刻臉都紅晒。我唔好意思繼續瞓喺度，於是坐咗起身，下半身仲喺被竇裡面。我嘗試集中精神，叫自己醒。

唉，好瘀——

番被沾滿酒氣，仲帶有些少嘔吐物嘅臭味，好彩要好仔細、好大力索先聞到，未至於太過困擾到其他人。

我喺樓層嘅 Whatsapp Group 到道咗個歉，同多謝畀番被畀我嗰個人。我話我會洗返張被，還返畀佢。無人理我。

電話響，係阿軒打嚟。

「你去咗邊啊仆街！」

我當堂嚇到彈起。

「唔撚使做啊！？」佢大聲咁鬧。

今日係我第二日無返工，望住個太陽，諗到自己反正射波都射咗一半，酒醉未醒個腦仲瘟瘟沌沌，所以我就決定射埋今日。無論幾時返去都要畀人鬧，不如一次過咁畀人鬧。

「我依兩日病咗……」我話。講嘅時候我盡力壓沉語氣，用一把好似真係病咗嘅聲。

「你又射波？！」

「唔係啊……嗰日入咗醫院，可能啲流感好犀利……」我解釋。

「唉！」佢無聽我解釋。

「唔好意思。」我道歉。

「你食屎啦你！」佢鬧：「你唔使再返喇！」

嘟——嘟——

原來以前我日日都係咁樣過，咩都無做，咩都無諗，瞓醒就無咗半日。

我企起身，企喺張梳化前面，揚開番被，將佢摺好，推埋一邊。然後，搵咗一個大白色垃圾袋嚟，入起番被，準備晏啲拎佢出去洗。黃昏嘅夕照喺窗前越縮越短，我再回望，黃昏已經過咗一半。走廊有啲人約埋一齊出去食飯，有個男仔入咗嚟煮公仔麵，我哋無打招呼。我喺宿舍好少同西牛以外嘅人有交流，我諗佢唔會知我係邊個。

電話有好多個未接來電，好多都係阿軒打嚟。我坐喺度，喺電話畫面上不停向下碌，碌到最後，仲有一個女仔，佢係喺我今朝瞓到昏迷嘅時候打嚟。

係一個好耐無見嘅人，一隔已經四年。可能佢只係錯手打咗畀我？但係，我最後都有打返畀佢。

「喂？」

「係……」

「你今朝打過畀我？」

「係啊……」個女仔吞吞吐吐咁答，「Err……唔好意思啊……你仲記得我㗎可？」

「記得。」我答：「做咩啊？」

「突然搵你好似好唐突……」

「唔緊要，你講吖。」

我膊頭夾住部電話，拎起茶几上面嘅嗰杯水，飲咗啖。

「有啲嘢想搵你幫幫手啊……」

「係？」

放低杯，啪咁響咗一聲。

佢把聲同以前一樣，少少尖，無論幾多歲都好，都好似一個細路：「我歷史呢……有啲嘢唔係好明。」係一個好可愛嘅小妹妹。

喺我 Year 1 嗰年佢讀緊中四；去到我 Final Year，我諗佢已經升上大學。電話簿入面，我 Set 咗佢全名做「On 9 師妹張文靜」。

「咩歷史啊？乜你入咗歷史系咩？」

嗰陣之所以會 Set 佢做依個名，主要係因為佢係我師妹，同埋佢真係好 On 9。

佢喺電話邊大嗌咁款：「你仲好講！我上年炒咗，依家 Repaet 中六啊！」

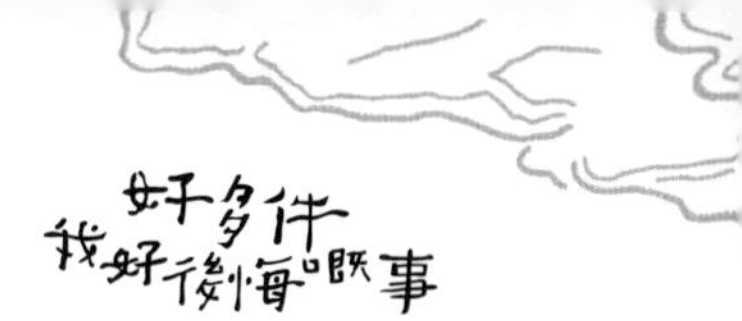


雖然唔好意思，但我嗰陣收到佢電話，真係笑咗出聲。

「叫咗你認真啲讀書喫啦！」

佢笑吓，我又笑吓，以前我仲同阿靜一齊嘅時候，仲當緊佢係一個小妹妹。因為佢嗰陣真係一個小妹妹。

我問：「點啊，我依個大學生有無啲咩嘢幫到你？」

去到我 Final Year，個大學學位終於有返啲用。佢「嗯」咗一聲。

「咩啊？」

「民國嗰啲囉。」

「蔣介石？定張作霖嗰啲啊？」雖然我問佢嘅時候語氣非常認真，但到依啲「學術」字眼真係出自於我嘅時候，就覺得自己好似搞緊笑咁。「定係歐陽震華同吳孟達嗰啲？」為咗令件事無咁奇怪，最後我都係搞咗下笑。

佢無笑，反而好認真咁同我講咗落去。連帶我都認真起嚟，到我發現我自己喺度認真咁解答緊佢問題嘅時候，我就覺得好不自在，鬆鬆衣領，拉一拉件衫。Lounge 無晒人，得返我一個喺度，無人見到我一臉認真，即時覺得情況未去到咁壞。

後來我就同佢講起以前。我講咗好耐，關於嗰個喺好遠好遠嘅東北，嗰一個叫做日本嘅國家，嗰一個突然砰一聲由俄羅斯變到蘇聯嘅地方，嗰一對父子。關於佢嘅死。一堆漫無邊際嘅故事。

我問佢：「你明唔明？」

佢話：「明。」

「咁……」我諗我哋應該無嘢可以再講到落去：「有咩你唔明再問我啦。」

因為我都唔明，我唔係啲讀書好叻嘅人，其實 Present 啊、Term Paper，全部都係負負碌碌咁過。我之所以無畀人踢出校可以係話我仲死剩把口，將一大堆廢話，喺 Present 嘅時候包裝到好犀利咁。每次講完聽緊嘅人都覺得我好勁，其實我好清楚自己咩都唔識。

「唔該你啊。」

「唔使。」我笑咗笑：「其實我好多嘢都唔識。」

「唔係吖！你好勁喎！」

「扮㗎咋。」我話：「我好多嘢都係扮出嚟。」原本仲準備收線，「拜拜」講咗一半出口。

突然，佢問我：「係呢，你依排點啊？」

一時間我畀唔到反應，唔知應該點同佢講。依幾年我過得同垃圾一樣無所事事，我無搵過錢，淨係識得瞓覺，有時同女人做愛，瞓到第日晏晝。

「好好、好好啊。」

我哋四年無見，依幾年間發生咗好多事。但係，可能我哋只係會傾依個電話嘅啫，如果之後唔會見，咁講再多我嘅嘢都無意義，又或者佢只係循例問吓我。

我隨口講咗句：「無咩事吖。」大概都係咁上下嘅廢話：「邊有咩點？又咪咁。」

「哈。」佢笑我，「你無去識吓女仔咩？」

「無啦。」我問返佢，「你呢？」

「我追女仔？」

雖然好爛，但我竟然忍唔住笑。

「依排無男仔追你咩？」

跟住佢就鬧我：「多得你囉。」

「我太高質？」我講笑咁問。

佢話：「係你太揚！」

我哋靜咗落嚟。嗰年我讀中五，佢讀中二。雖然三年差距出到社會唔算啲乜，但對一間中學嚟講就係足夠講一個學期嘅話題。

「對唔住。」

「哈，算啦！」

我諗如果聽日有粒隕石跌落嚟，佢都會相信自己避得開，佢係一個咁樣嘅人。雖然見唔到佢，淨係聽到佢把聲，但係佢連句「算啦」，都好似掛起咗一臉笑容。

我話：「真係好耐無聽過人同我講學校。」

「你無返過嚟咩？」佢問。

佢仲用緊個「嚟」字。

我話：「畢業之後無返過去喇，我又唔係啲咩大人物。」

幾年後再同返阿靜傾偈，仲讀緊中學，感覺係佢仲係一個以前嘅人，而我已經再無方法返到以前。

「嗰陣⋯⋯好對唔住。」我由衷向佢道歉。

佢聽到就好愕然：「你竟然同我講對唔住？」

「嗯。」我話：「總之，真係好對唔住。」

「你係咪依排受過啲咩刺激？」佢問。

「無啊。」我異常肯定咁答，好似真係「無」咁樣答咗句「無」。

「突然聽返你把聲，諗返起以前啲嘢啫。」我話。

佢細細聲，好唔忿氣咁講：「咁我唔講嘢囉。」

「你又玩鬼我。」

又沉默咗一段時間，佢先又再開口問：「你嗰陣呢⋯⋯同嗰個女仔其實有無嘢㗎？」

佢嘅語氣，似係啲中學小師奶想聽八卦，多過對依段關係真係有啲乜嘢惋惜。

佢問：「你最後有無同佢一齊啊？」

一直、連續、唔停咁問：「仲有呢仲有呢，你哋依家係咪仲一齊緊啊？」

佢問：「同埋……其實呢……」

我「嗯」咁答咗一聲，等佢講埋落去。

佢問：「你同我一齊嗰陣，你真係鍾意我㗎可？」

夜晚喺宿舍嘅 Lounge 望出去……乜嘢都望唔到，得一幢樓。雖然有時對面會有啲換衫嘅鬼妹，但可遇不可求。最後，我因為怕影響佢溫書嘅心情，我同佢講：「我嗰陣真係好鍾意你。」然後好惋惜咁講咗一句，「只係……」

「得喇，我知㗎喇。」阿靜依舊笑住咁講落去：「咁你嗰個『佢』呢？佢之後點啊？」

我諗，佢應該講緊畀佢發現同我 Message 嘅嗰個女仔。嗰個故事嘅結局係，其實佢都有男朋友，無同我一齊，三個月之後同我一齊嘅係第二個人。但第一個人第二個人，依啲事隔咗咁耐，要再解釋就好麻煩，所以我同阿靜講落去，都係當同一個人。

「無啊，我同佢真係無嘢㗎。」我解釋：「只係嗰陣我哋啲生活時間、生活方式咁唔同……」我是但作咗啲理由。

「咁你之後點？」佢問。

「跟住無咩點，我咪一個人。」我答。

「竟然係咁。」佢話：「你唔好呃我喎！」

「我無呃你啊。」我答。

佢一路笑，一路問：「你咁搞笑都識唔到女仔咩？」

「係㗎。」我話：「所以咪個個女仔都淨係覺得我好笑囉！」

「係唔係啊……」

「真係㗎。」

可能我哋分手嘅時候，我哋都仲好細個，所以我哋去到四年之後嘅今日，先至傾得到依啲咁樣嘅偈。

「依幾年你有無拍下拖？」我問。

「有嘅……」佢吞吞吐吐咁答：「之後有一個。」

「做咩事啊？」

「唔好講以前喇。」佢打斷我嘅說話，縱然我之後都唔再打算講啲乜嘢說話。

我問佢：「你幾時考試？」唯有搵啲嘢講，是但結束依段對話。

「三月囉。」佢答。

「你一定要加油。」我提高聲線，同佢打氣：「畀心機啊！唔好偷懶！」

佢被我嚇親：「唔知你做咩事！」

「喂，咁唔阻你溫書喇，收線先喇。」嗰次傾電話，係我首先同佢講拜拜：「拜拜。」

而拜拜對佢嚟講，好似有啲突然，「哦，拜……」

我返到房，打開篋，將嗰一篋經過 SY 屋企、經過酒吧、經過一條好長好長嘅斜路、經過跌跌撞撞嘅衫衫褲褲，一件一件咁拎返出嚟、一件一件咁摺好。我一路聽歌，喺雪櫃又拎支酒出嚟，一路咁飲，一路摺衫摺到天黑。到肚餓嗰時，我就行咗出房，去買嘢食。西牛應該同緊其他女人做愛？之前聽佢講過。西牛仲特登叫我唔好同任何人講，怕走漏風聲。我諗佢女朋友唔會知咩事。

記憶中我每次接觸女人都係悲劇收場，慢慢好似對女人心生「畏懼」。但又係話鍾意男人，我講嘅「畏懼」唔係依種。我係指，我 200% 需要女人，但我又同時好驚佢哋，感覺矛盾又陌生。

所以我好羨慕西牛，佢處理感情比我得心應手得多。

星期六，一個適合洗衫晾衫嘅日子。宿舍好多人都返咗屋企，一樓嘅洗衫房好多部機都空咗出嚟，唔使再同人爭。平時人來人往嘅走廊，今日得返小貓三四隻。

上次我整污糟咗嗰番被，一放埋一邊，我就唔記得咗。再到我記返起佢，就已經係我將佢拎返出嚟洗嘅時候，一打開膠袋，嗰種惡臭就湧晒出嚟，我差啲就喺番被上面嘔多一次。

番被嘅主人一句都無鬧過我，無叫我拎佢去洗，或者叫我還返畀佢。甚至佢根本連搵都無搵返我。可能佢根本無打算過要返張被，只係當掉垃圾咁將依張「被型垃圾」掉喺我依嚐「人型垃圾」上。

我應該放入邊個回收箱呢？真係令人苦惱。

同 SY 分手後，已經過咗差唔多一個月，阿爸都慢慢好翻。有次佢問我，「上次嗰個女仔呢？」我避開咗，阿爸慢慢就無再問我關於佢嘅嘢。好彩成家得阿爸一個見過佢，所以並無鬧啲咩大件事出嚟。

明明分手應該傷感，我竟然可以若無其事咁用上「好彩」，有點內疚。

「SY」以及「SY 存在過」依兩樣嘢一齊沉沒、消失，之後我嘅生活，就連少少佢嘅痕跡都無。Facebook 無人 Inbox，所有嘢同以前一樣。

好似同「以前」一刀兩斷，死咗一次。

所謂「重要」同「唔重要」之間嘅界線似乎無我想像中咁重要。藍天好藍、白雲好白，天朗氣清嘅一個朝早。雀仔一早唱完歌消失無蹤，繼續一日嘅生計。如果雀仔成日唱歌唔做嘢，肯定對所有人都會帶嚟麻煩。

張文靜 Send 嚟嘅 Whatsapp：「依家你得唔得閒啊？會唔會好阻到你？ [ 雙手合十 ]」

「唔會。」我回覆。

由九龍塘出發去兆康，大約要一個鐘頭三個字。

「好耐無見。」

「係啊，真係好耐無見。」

我哋見面嘅頭兩句說話，邊個講邊句應該唔太重要，我諗。嗰日佢嚟咗西鐵站接我。我差唔多有成四年無嚟過，雖然未至於會盪失路，但佢堅持嚟等埋我先。星期六下午，佢著住套灰色嘅冬季校服嚟到，紥住馬尾，戴住副圓框眼鏡，塊臉圓圓地，笑起嚟嘅時候，好似一隻食緊橡實嘅倉鼠。

佢背住我一路咁行。喺西鐵站嘅大堂裡面，一路走向閘機。佢著住件深藍色嘅冷衫、灰色嘅裙擺、灰色嘅襪，黑色婆仔鞋。就算只係見到佢嘅背影都好，都好似返到去以前同佢一齊返學嘅日子咁。

「依幾年換咗兩個校長。」佢一路同我講起以前嘅學校。沿途我哋經過幾間以前食開嘅餐廳，成日行過嘅舖頭，有啲我幾乎唔記得咗佢哋叫咩名。我哋經過一間書店，依幾年間我同中學完全斷絕聯絡，所以中學發生咩事，我已經完全唔知。我就一直聽住佢講，又答唔到佢啲乜嘢。

「Miss Chan 走咗，Miss Ng 走咗。張 Sir 退休喇……」間學校我僅餘認識嘅老師，應該全部走晒。佢話：「上年因為學校成績太差，搞到今年多咗好多補課啊……但啲卷又出到勁易，啲老師要交數……」

佢同我講中學嘅事，但我有啲搭唔到嗲，可能所有事情都已經隔得太遠。我淨係識得望住佢嘅背影，諗返起好多以前。佢肥咗少少，但仲係好瘦，係個好細粒嘅女仔。佢以前副黑色方框眼鏡顯得佢好白痴，依家換咗一副圓形嘅，我覺得佢靚咗、又斯文咗啲。佢條裙短咗，可能佢高咗，又或者係特登拉起咗啲，只係僅僅及膝。

「你溫書溫成點？」我問。

「啊……」佢答：「OK 啦。」

「你餓唔餓？」

「嗯。」佢輕輕咁答咗一句「少少。」

「不如食嘢先。」我提議。

佢話：「好。」

然後我哋一直行，行上樓梯，去到西鐵站嘅大堂，行多一小段路，落樓梯。我以為自己認得路，最後我行錯咗方向。佢沿途跟住我，無提過我，到我發現自己行錯咗路嘅時候，佢就淨係掛住恥笑我。

見到佢笑得咁開心，唔知好嬲定好笑：「做咩唔提我呢喂？！」

「無啊，見你好有信心吖嘛。」佢依舊恥笑住我咁講。

「唉，你又玩阿叔。」

好似一眨眼，我就去到一個可以喺個細路女面前自稱阿叔嘅年紀，仲無啦啦畀個細路整蠱。

佢扮到好唔耐煩咁話：「依邊啊。」然後指住我哋背後嘅方向，帶住我行。行咗一大段路，原來我只係轉錯個彎，就已經兜到好遠，好似兜咗四年。我跟住佢落樓梯，嚟到一個天花著滿黃色燈，掛住一條條輕鐵天線嘅輕鐵月台上。我哋搭上輕鐵。

我第一次知道，原來我哋放飯以前食開嗰間米線舖，喺屯門已經開到第三間分店。

「幾時開㗎？」我問。

「應該係你畢業之後？」佢答得好猶豫：「我都唔係好記得。」

「我諗都係。」我話，應該真係我畢業之後嘅事。我嘗試喺記憶中搵返關於依間餐廳嘅事：「唔係嗰陣我哋邊使出咁遠食。」

「吖……係喎。」佢耷低頭輕聲咁答，跟住無再講嘢。

好似係我講錯咗嘢？我諗。我轉個頭就問佢：「陣間叫咩餸好？」希望離得開嗰陣尷尬。

「你呢？」佢問返我。

「腩肉，清湯，凍奶茶。」

佢出奇地問，「你會唔食辣㗎咩？」

「唔喇，依排個胃唔係太好。」

酒飲得太多，而且之前飲得太狼，雖然拎唔到啲內臟出埋逐塊逐塊咁睇，但明顯感覺到身體比以前差咗好多。「可能多嘢做，食飯食得急。」我話。我唔敢同佢講我飲咗好多酒，有啲怕喺佢印象中我會變咗個樣，怕佢問起我依排做過乜嘢事。

「小心身體啊。」佢話：「做嘢都要食飯㗎。」

「知喇。」我若無其事咁，多謝佢關心我：「吖，你關心我喎，我開心死喎。」

佢又鬧我講嘢無嚟正經。

坐低之後我喺個袋到拎咗幾份練習出嚟，再拎埋前一晚喺大學圖書館搵嘅中學 Past Paper 畀佢。如果唔係佢，我可能保得住讀四年大學都無喺圖書館借過任何一件嘢嘅清白之身。

「咁大份嘅……」佢見到嘅時候一臉愕然。

「係啊……幾年 Past Paper 喎……仲有啲我以前補習嘅 Mock。」

佢難以置信咁問我：「真係要做晒佢？」

我再望吓枱面下面嗰疊手指公咁厚嘅卷，又覺得如果迫佢做晒，好似唔太人道。

「咁又唔使嘅，我陣間幫你再睇下，有邊啲你要做咗佢先……你做完我再幫你改啦。」

雖然大學四年無讀過書，但諗返以前中學 History，我係拎 5** 入 U。

「唔該晒你……」佢話：「今餐我請啦！」

「唔使。」我話：「你仲讀緊書吖嘛。」

佢點點頭，呆咗陣，講咗講多謝，就無講落去。我哋舉手落單，各自撳咗一陣電話，等一陣，啲嘢食就嚟到枱面。

餐廳阿姐：「墨研山小。」

我同張文靜兩個人死忍住笑。佢將嗰疊筆記同卷放落書包。我哋一路食嘢，一路又講起其他事。無幾耐食完碗麵，阿靜又想拎個銀包出嚟埋單。

「你收埋個銀包啦。」我叫住佢：「都話我請。」

跟住我就拎住張單去埋，行到收銀櫃枱前，打開銀包。依個時候我先至發現，自己身上一蚊都無。

我用手指不斷喺空洞嘅銀包入面郁動，扮出一副喺好多張銀紙裡面要搵出一張散紙嘅樣，然後將銀包收起，轉身打開我背後揹住嘅袋。除咗啱啱拎咗一大疊練習出嚟之外，我袋裡面依家就得返一個 File、一把遮，除此之外乜嘢都無。我作勢喺裡面不停咁搵。

「五百蚊紙我哋都收㗎——」餐廳阿姐話：「淨係一千蚊紙唔收。」

我避開佢嘅說話，似乎我無錢嘅事已經畀佢睇穿。我唔敢同佢有任何眼神交流。

「EPS 都得㗎，或者信用卡。」佢愈開口同我講嘢，我愈係膽顫心驚。

幾年嚟一直無申請過信用卡，因為我知道自己一定會使到好大，如果我有信用卡，可能我未畢業就要申請破產。

「我得 EPS。」連講依句嗰時，我都講得膽怯過人。

餐廳阿姐向我伸出一隻手：「得啊。」

我將我銀包唯一一張銀行卡遞咗畀佢。佢將我張卡插入卡機，等咗一陣，佢將部灰色嘅卡機遞畀我，要我輸入密碼。

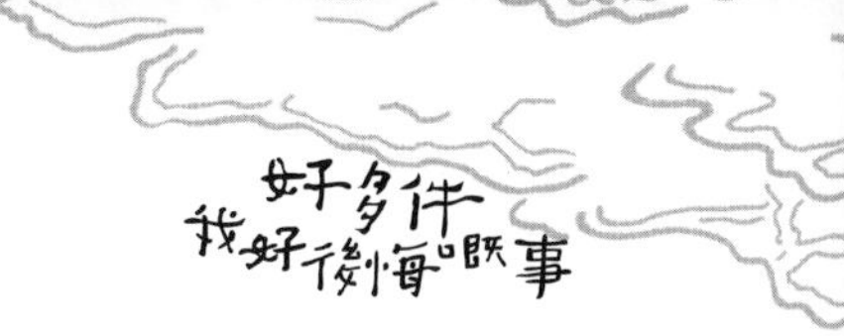


餐廳姐姐見我無晒反應，佢「先生」咁叫咗我一聲，我扮到啱啱唔為意回過神來，「吓」咁答佢。

「先生，入返個密碼吖。」佢話。

張文靜一直企喺外面，我哋之間相隔住一道玻璃門。佢本來喺度撳緊電話，企喺出面等我。但無幾耐，佢好似感覺到有啲耐，於是佢岳高頭，望過嚟。佢側側頭，用口型問我：「做咩事啊？」

我耷低頭，避開佢。

「先生？」餐廳姐繼續嗌我。佢工作到沉悶嘅眼光，慢慢變得疑惑，佢好似覺得我係一個好可疑嘅人，都好可能佢係覺得我有病。佢問：「無咩嘢吖嘛？」

「唔好意思。」我向佢道歉，接過卡機，喺上面撳咗幾個數字。嗰幾隻字唔係我嘅密碼。

我知道我銀行戶口入面根本無錢。酒吧工作嘅依個幾月間，日日收工都係即刻出糧，啲錢一蚊都無經過戶口。而且嗰日做嘢愈忙，我就愈係須要飲酒，而酒飲得愈多，我又愈係想飲啲再好飲啲嘅，啲錢跟住使得仲快，一直無機會存入銀行。或者我應該對自己坦白啲講，其實係無儲過。

阿姐拎住部灰色卡機，放返喺機座上面，等咗一陣，然後佢就遞返部卡機畀我。「先生，你試吓再撳多次吖，過唔到喎。」倒返轉頭，竟然係餐廳阿姐向我道歉:「唔好意思啊麻煩你。」

我吞吞吐吐「哦」一聲咁答吓佢，又再次接過卡機。個灰色橢圓形嘅確定掣喺我視線之中定格咗好耐好耐。

「做咩啊？」張文靜入咗嚟，佢問：「咁耐嘅？」

藉口我諗咗好多個，最後我用咗依個：「之前轉過一次密碼呢……我好似唔記得咗……」

「哎啊！乜你咁無記性㗎！」佢笑吓我，好似我真係唔記得咗個密碼咁。

「哈哈，唔好意思啊。」一邊講，我就一邊紅住塊臉，不由自主。

想死。

「今餐我畀住先啦。」佢話。

「我遲啲畀返你。」我堅定咁答應。

佢一笑置之：「遲啲先算啦。」

「你有錢？」我問佢。

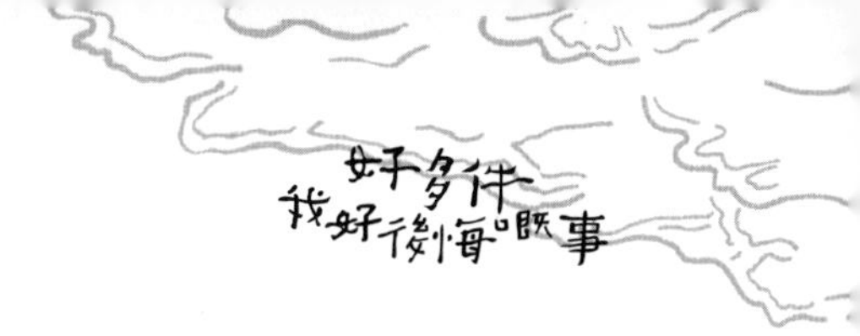


「少少都有嘅。」佢話：「依家我有做嘢㗎嘛。」

離開餐廳，沿途跟住佢行嘅時候，我都唔知可以再開啲乜嘢話題，結果只能落得啞口無言嘅境地。我喺腦海入面不停諗，到底點樣可以將「我無錢」依句說話講得出口，而同一時間唔畀佢知道我根本無錢。

「唔好意思啊……」一路都好抱歉，明明話請佢食嘢嘅人係我。

「唔使啦……」

「真係好對唔住。」

似十足一隻被閹嘅狗，連吠都唔敢，兩條腿行步路都縮埋一嚿，唔敢踏得太過大步。如果今日有另一個鏡頭將我影住，他朝有日要迫我睇返今日嘅重播嘅話，我寧願死。我一定會去死。

「依排我喺麥當勞返緊工，啲經理都對我好好。」佢首先打破沉默。

「啊……係啊？」勉勉強強先接得住佢講嘅嘢。

「不過係忙啲囉，成日都好多人嚟食……」佢話。

「你依家仲有做咩？」我深呼吸，壓抑住嗰個接近崩潰嘅自己：「你就嚟考試喇喎，哈哈。」笑起上嚟都覺得心虛。

「嗱，咁都要做㗎！」佢理所當然咁答，更令我愈加慚愧：「唔通唔做啊？邊有錢啊！」

「你好等錢使咩？」

「咁有時見到啲嘢會好想買嘛……」佢好似好唔好意思咁答。

我解釋：「唔係，我係成日都諗唔到有咩想買啫。」

佢笑笑：「有錢就身痕㗎啦。」

「啊……係啊。」

我表現到好贊同佢嘅說話，縱然我真正可以被稱為「有錢」嘅日子唔多。依段日子，我只要一有少少錢，我就會將佢哋飲晒落肚，或者正因如此，我先至會搞到今日咁樣，出街食飯先知道自己無錢，要個細自己四年嘅妹妹請我食飯。

「我之後做咗個作家。」依件事係我主動提起。

「吓？」不出所料，佢聽到呆咗。

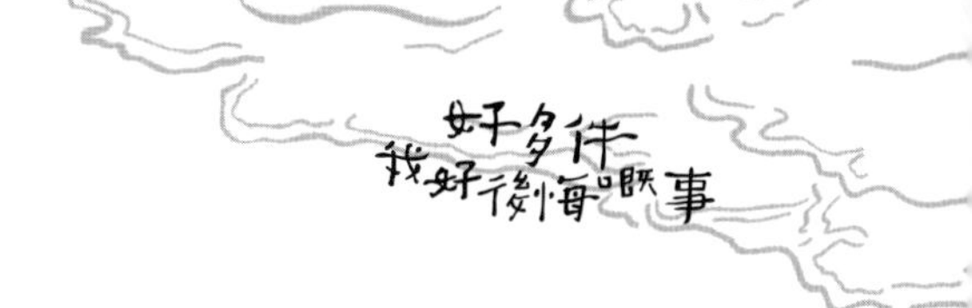


見到佢咁嘅反應，不禁有啲沾沾自喜，甚至興奮：「係啊，畢業之後呢，一兩年到，我做咗個作家，出咗本書。」我特別強調「出書」兩隻大字。

佢撐大對眼，望實我：「勁喎——」一邊講，仲一邊拖長句子嘅尾。

我撓吓後腦，故意顯得尷尬，見佢似乎樂在其中，我先借機繼續：「係啊，本來諗住上網玩吓㗎咋，哈哈。」我扮到毫不經意咁笑，強調個「玩」字。「點知之後有間出版商話好鍾意我寫嘅嘢，想拎我嘅故事出書。」

我一路講，一路講，好似要講到佢為此驚嘆，我先敢放心。

佢雙眼裡充滿期待，正等待我將我嘅故事講埋落去。身為一個作家，我嘅成名之路，以及寫作於我生命之意義，到底我點變成一個可以登上中文教科書嘅職業呢……所有、一切，佢為我由衷感到驕傲。

「本書講咩㗎？」佢其情熱切地問：「佢點樣搵你啊？」好多嘢問。

「本書係講一啲社會嘅現象嘅，嗰陣網上反應好好啊，佢就用我 Facebook Page Inbox 我。」

佢對我敬仰嘅目光，嗰一刻永遠咁刻入我骨，今後都會跟住我嘅血液流動，流到入心，去到我心跳停止一刻。我會一世記住佢。

「我好感動啊，好彩嗰陣揀咗寫作。」能夠完整咁講得出依句說話而不嘔心，我感到自豪。「寫作帶咗好多嘢畀我。」我笑住講，「畀咗一班好好嘅讀者畀我啊，仲有，收入都唔錯。」

講出嚟嘅時候差啲想喊，好彩我忍住，佢發現唔到。唔係感動，而係對於我要講一個咁大嘅大話嚟呃個女仔，對自己可以做到咁厚顏無恥而自豪嘅幾秒鐘後，我就為自己感到羞恥。

無論如何，我都硬住頭皮。「一個月寫寫埋埋都有萬幾蚊㗎。」我話。

「嘩！咁好好吖！」佢聽到「萬幾蚊」嘅時候好興奮：「咁你又鍾意做，又搵到錢嘅，好開心吖。以後就咁寫書就得啦！」

「希望啦。」為免畀佢識穿，我保持住一臉樂觀咁答：「不過唔知下一本仲有無人會鍾意㗎嘛。」

「你一定得㗎！」佢對我嘅信心，比我對自己嘅竟然更多：「你嗰陣中學啲作文就好高分㗎啦！你做作家唔出奇吖。」

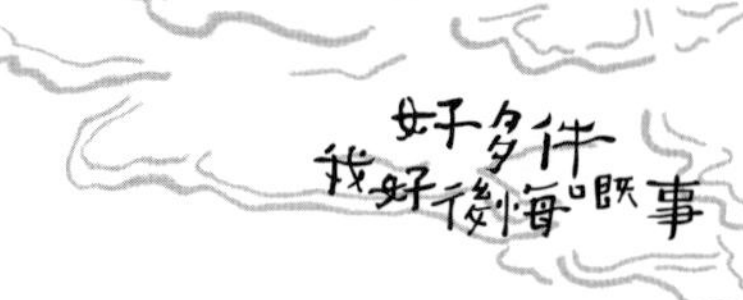


佢知道我係一個作家，而且覺得我係成功嘅嗰一類，佢好開心。

「哈哈，係咩？」我反問，掩飾自己嘅不安。

佢讚我話：「你係個好有才華嘅人嚟啊。」

「中學嗰啲負碌嘅啫。」我推卻佢嘅讚辭。

「唔好咁謙虛啦，你依家係個作家喎。」佢瞇起眼笑。

我應承佢：「所以，我遲啲一定要請你食餐飯。」

「哈！依餐你放心啦！我食硬你㗎喇！」佢仲鬧我，「得閒快啲去銀行搞返張卡先啦！」

深呼吸，壓沉語氣，等咗一陣，我先至敢講依句：「我知喇。」連句子本身都唔敢太長，怕自己講到一半會喊。

「你係先好，成日都咁無記性！」

喺佢前面，背住佢行。佢一啲都無懷疑過我，但我唔敢畀佢見到我嘅表情，怕只係一眼，可能我都會穿煲。

我哋穿過商場，本來諗住可以去快餐店，或者去咖啡店坐低，但假日午飯過後，四周圍都係人。商場好大，我哋行過好多條天橋，喺度不停兜圈又兜圈。

佢一路聽住我講過去幾年身為作家嘅一點一滴，但佢聽得越開心，我就越覺得痛，因為故事七成係假，得我寫過啲乜嘢 Part 係真。我哋周圍咁行，終於都了無出路，我哋再一直咁喺條街到行都唔係辦法，只係浪費時間。

佢提議上佢屋企。我竟然一聽到就怕。

我準備拒絕，轉而提議，不如搭車搭遠少少去圖書館。我正想咁講，佢又搶先咗我一步。

「不過，我阿媽都喺度。」佢話：「你唔介意啊可？」

呼一口氣，彷彿兩肩嘅重擔一下子卸晒落嚟。

「無所謂。」我答。

「真係唔介意？」佢戰戰兢兢咁問。

「唔介意啊。」

咁樣可能仲好。當然依句我無講出口。介意嘅似乎係佢，當年我哋仲讀緊中學嘅時候，就係佢媽媽發晒茅咁一定要我哋分手。

「都過咗咁耐啦。」最後，係我安慰返佢轉頭。

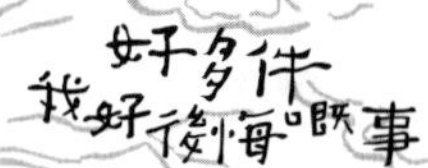


我諗，當年佢阿媽一句都無話錯我，但見張文靜為此耿耿於懷，咁先至最令我內疚不堪。因為我幾乎唔記得咗依一件事，一啲都無為此傷感。

由好認真、好認真咁看待依個世界，去到第一次覺得自己對依個世界都係唔好咁認真好啲——兩者之間，至少對我嚟講，好似跨越奈河橋咁遠。

我同張文靜講：「嗰陣……」

佢靜咗喺度，我擰轉身，我哋之間隔住一個人嘅距離，保持一段睇得清楚佢眼睛裡面有邊個，但我伸手已經掂唔到佢嘅距離。

我話：「我諗佢都係為你好啫。」

記得我哋仲一齊讀緊中學嗰時，每次都要等佢阿媽唔喺度，我先至會上去佢屋企。

嗰時我哋都仲係中學生，其實無咩特別嘢會做，最多係一齊睇吓電影，一齊上網玩下小遊戲。但始終都係上人屋企，如果對方家人都喺度，點都會有些少覺得尷尬。

張文靜打開門口鐵閘，幾年過去，連拉開鐵閘嘅聲都無變過。

佢嘅媽媽係個三十尾、四十頭嘅女人，如果以依種年紀嚟講應該係話保養得好好。比起四年前，都只係眼袋深咗一啲啲，睇落仲好似只係大張文靜少少咁。佢紮住馬尾，著住件白T恤，一條短褲，踢住對拖鞋。以前聽阿靜講過，佢媽媽好早就生咗佢出嚟，所以佢好討厭我。

「佢係我一個中學師兄嚟㗎，」張文靜同佢媽媽解釋：「上嚟教我。」

「哦……」

「伯母。」我向嗰一個女人微微點個頭，打咗個招呼。

佢靜靜咁答咗我一句，「Hello.」

比起佢媽媽，變得多啲嘅應該係我。四年前後我嘅分別係今日我戴咗頂Cap帽、換咗副金屬半框眼鏡、留咗鬚……與其話留鬚其實我只係懶得剃。希望佢會唔記得我，以前嗰個著住校服，幾條瀏海散喺額前，戴住副黑色粗框眼鏡，喺佢眼中要食咗佢個女嘅人。

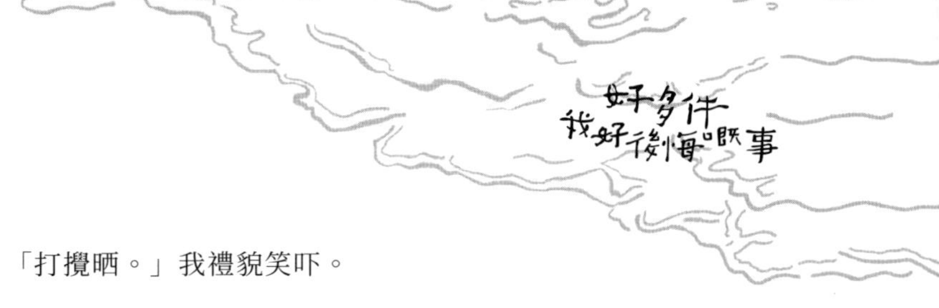


「打攪晒。」我禮貌笑吓。

伯母佢問我「飲唔飲嘢」，「有檸檬茶、菊花茶……」

「唔使喇，唔該晒。」

「唔使客氣喎。」

「Err……」我答，「唔使喇。」

佢轉身，最後決定點都要畀包嘢我飲。然後佢行到一半，「吖，阿女……」佢就煞有介事咁問阿靜，「你又會搵到個師兄返嚟教你都有嘅，哈哈。」我拎住包嘢飲，佢又未放手。

「哈哈哈哈哈。」佢一直故作不經意咁笑。

就咁聽都覺得佢笑得刻意。

「哈哈哈哈。」我摸吓後腦，假笑幾聲：「係啊。」我話：「係中學啲計劃嚟㗎，」跟住我是但解釋咗一陣：「校友會搵返我哋呢啲師兄師姐返嚟，幫佢哋補習吖嘛。」

「咁都幾好喎。」伯母好滿意咁話。

我十分贊同佢嘅講法：「係啊，真係幾好㗎。」

「你讀緊書啊？」佢問我。

「嗯。」我答。

「讀邊到啊？」

我講咗我間大學嘅名出嚟。

佢聽到係大學就話：「咁叻仔啊？」

雖然有啲高不成低不就，但無論如何都算係大學？可能佢心入面咁樣諗緊：既然係大學咁應該有返咁上下啩？我之所以受人欣賞，應該係因為有其他讀過大學而又活得出色嘅人，唔係因為我。

「唔係，我嗰間好普通㗎……」我解釋。

「都好叻㗎喇。」

無諗過四年之後會撞返依個人，而且可以不帶憎恨地，好似所有記憶都抹殺開去。當年佢個女為咗嗰件事喊咗幾個夜晚，佢當年對我講嘅每句說話，都有如詛咒。至今不過四年光景，我哋就可以從未見過一樣。

「阿女，又會未聽你講過學校有個咁嘅計劃嘅？」

張文靜答：「咁嗰陣未知有無人會嚟㗎嘛！」

「係啊。」我附和：「我都係早兩日先知。」

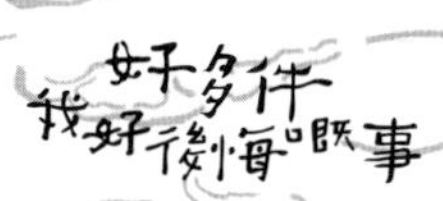


伯母微微向我點點頭：「咁唔該晒你啊真係。」

「唔使客氣。」

我哋坐喺客廳窗前嘅一張飯枱旁邊，陽光照向佢嘅書上。佢本書隔籬有本筆記簿，上面寫住滿滿嘅 Notes，用唔同顏色嘅筆，畫住唔同嘅畫。

伯母問我：「我係咪以前見過你？」

張文靜停低寫嘢嘅手，用力握住筆記簿，耷低頭，更專心咁望住佢嘅課本。

「吓？」我熟練咁笑：「以前同一間學校，我諗唔多唔少都見過吓嘅。」

笑得太習慣，習慣到有時連我自己都怕咗自己。

「哈哈，都係。」伯母佢望住我個樣，好仔細咁望。

佢好似認得，又好似唔認得。我有刻慶幸自己飲酒飲到不似人形，個樣同幾年之前已經變咗好多。

跟住佢無再理我，去咗熄電視，然後行入廚房。佢一走我哋就見唔到佢，個廳得返我哋兩個喺度，熄埋電視，我哋好似去咗靜音模式咁，連外面雀仔輕叫一聲、輕鐵剎車，我哋都聽得清清楚楚。

我唔知道伯母最後到底認唔認得我。

「好啦，咁你哋慢慢啦。」佢同我哋講：「我做埋廚房啲嘢先。」

我同張文靜無再傾偈，佢繼續專心咁溫書，我拎咗部電腦出嚟做我嘅功課。有時佢會問我一兩個問題，有啲我識嘅就直接答佢啦，或者會做畀佢睇；有啲我唔識嘅，我就用部電腦上網搵。咁樣嘅時間大約維持咗一個鐘到。成個鐘頭，伯母都無再行過出嚟。

阿靜岳高頭，佢喺我耳邊，細細聲咁問我：「你估阿媽佢係咪真係唔認得你吖嗱？」

佢仔細觀察我臉上每處，我望向窗外，睇住輕鐵一架一架咁走。窗微微打開，風微微吹過。又係窗、又係風，所有嘢，好似都重重複複，唯一唔同嘅，係阿靜屋企一直有抹窗，玻璃面上無水漬。

「明明同你以前嘅分別都唔係咁大啫，只係戴多咗頂帽，頭髮長咗啲、啲鬚多咗啲，換咗副眼鏡。」佢繼續望住我個樣嚟數：「係個樣比以前惡咗囉，又好似殘咗……」

佢仲好惋惜咁話：「雖然個樣仲係一樣嘅……但感覺又好似真係唔同咗好多。」

「係咩？」我隨口問。

「係啊。」佢答。

悠長嘅沉默。難以忍受長期畀佢望住，唯有重新專注喺我嘅功課上面，但點都好，佢一日望住我，都覺得佢嘅目光似十足一把刀，有種莫名嘅壓迫感。

「好似無咩精神……」佢話，但講完佢就猶疑：「依啲係咪叫精神呢……」

咁樣來來回回，重複咗幾次。「好似無咩靈魂……」佢話。

聽到佢咁講，我噗一聲笑咗出嚟：「嘩，仲靈魂添啊……」

佢見我笑佢，就收返佢嘅說話：「話靈魂又好似太誇張啊可？哈哈。」

「咁應該係無乜衝勁？」又係咁，講到嘴邊，又覺得講得唔準：「啊……唔係……話你無衝勁又好似太積極……」

的確畀人話做「無衝勁」的話，對我嚟講真係有啲格格不入。「無啲衝勁」只可以用嚟形容一啲本身可以有衝勁嘅人。

佢側住個頭，望實我。佢問：「咁你依啲係咩呢？」

悠長嘅沉思。佢對於應該用一個點樣嘅形容詞嚟形容我，異常執著。我將佢本書推去佢眼前，然後我就專心返喺我部電腦到。

「溫書先啦，諗埋咁多無謂嘢。」我話佢，叫佢：「專心啲。」

我嗰時做緊 Hon Pro，仲係整理吓史料、睇吓啲理論嘅階段。我雙手放喺鍵盤上面，喺一行又一行嘅文字中間，緩慢而仔細咁睇，無再留意張文靜喺度同我亂嗡廿四啲乜。

直到有一刻，佢同我講咗一句好奇怪嘅說話：「你似部用晒雪種嘅冷氣多啲。」

「用晒雪種？」我估我無聽錯？「用晒雪種……」越講我越忍唔到笑：「做乜嘢。」講完個嘢字，我先發覺自己喺張文靜屋企，佢阿媽仲喺廚房做緊嘢，想收返句粗口都收唔切。

「部冷氣機無問題，入面啲零件都無事，但係用完晒雪種。」講完之後，佢又撓吓頭：「我諗係啩？」

雪種到底係幾時用晒，我都講唔出一個實際嘅時候。明明想製冷，但噴出嚟嘅，點樣都係熱風。一部咁樣嘅冷氣機，肯定係得個忙字嘅悲劇。

時間好快去到入黑前嘅六點鐘，我可以喺度做到嘅功課已經做晒。佢話溫書溫到好攰，想唞吓，我諗今日都差不多完。

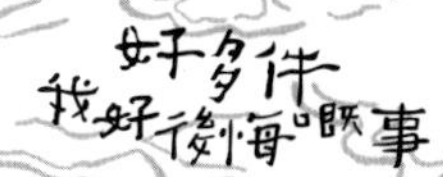


本來我行入廚房，淨係想斟杯水嚟飲吓，點知見到伯母坐喺張圓櫈到，伏咗喺度瞓。我哋兩個靜靜咁企喺廚房門口，肩並肩咁企。

佢問我：「其實依幾年……你過成點？」

我隨口講咗句：「我過得好好啊。」

「你認真啲答我啦！」

我講笑咁話：「哈哈，乜我個樣好霉咩？」

「唔係。」而佢，就講得吞吞吐吐咁：「總係覺得，依幾年你好似發生咗好多事。」

教我一時語塞。

「你唔覺得攰咩？」張文靜佢問我，「每一日都要講住大話咁過？」

「我唔講大話㗎喎。」我話。

「大話。」佢又鼓埋泡腮。

我飲咗啖水。伯母喺廚房裡面，伏喺度瞓得好冧。成間屋靜晒，得佢一個安靜入睡嘅感覺奇怪，好似我打擾到人哋屋企咁樣，有啲唔好意思。佢枱面上嘅杯、幾本書、一張梳化、亂放喺梳化上面嘅一大堆衫，仲有掛喺窗前晾衫繩上嘅另外一堆，全部都跟住日落，變得昏昏暗暗，蒙上一片深藍，直到最後一切淡然無光。

「可唔可以唔好問我依幾年發生嘅事？」

「唔可以。」

樓下公園仔僅餘嘅幾個小學生都離開埋，少少屬於人嘅聲音都消失無蹤。因為怕會嘈醒伯母，我哋兩個行一步路都放得特別輕。佢兩隻手捧住隻杯，慢慢、慢慢咁飲。

「咪上大學，跟住讀書。」我答。

「唔好又答我答埋啲行嘢啊！」

「一個人嘅生活可以有幾特別？」我話：「好難有好多好特別嘅事發生。」

「你一啲都唔似。」佢別開視線，背住我。我眼裡面係佢嘅馬尾，仲有佢背後一個淩亂嘅客廳，掛牆嘅鐘「滴答滴答」咁擺。佢問我：「我識咗你幾耐啊……仲呃我……」

「我係點過，真係咁重要咩？」

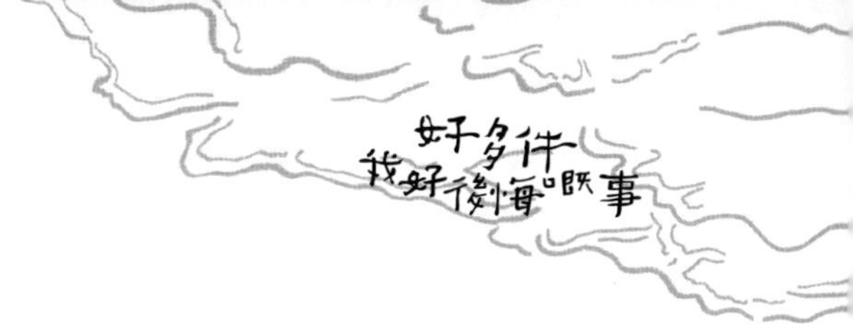


佢呆住定咗落嚟。

「唔好意思。」我道歉。

跟住佢就好似個小妹妹發脾氣咁話我：「總之我想知啦！」

我無理佢。佢「哼」咗一聲。

「你覺得，你有無可能變返好似以前咁？」

「我以前又點呢？」

「嗰個會真心對人嘅人。」

聽到「真心對人」依四隻字我就毛骨悚然。突然同我講啲咁嘅嘢，好難反應。

佢繼續講：「嗰個會對人好好、對人好細心，好識照顧人，係個值得去信賴嘅人。」

一路聽住佢講，我就一路覺得反胃。我淨係想佢快啲講完。

「雖然唔知係咩感覺，但總之會覺得你係個善良嘅人，嗰種感覺。」

我打斷佢：「夠喇。」我問佢：「你唔係溫書㗎咩？」

我企喺身。

「你答咗我先。」

「唔好講依啲嘢得唔得啊？」

「唔得啊！」

「你唔好再問，好煩。」一路拒絕佢，拒絕到有啲唔耐煩，我一心只想避開，希望唔好再迫近我，唔好再同我講啲咁樣嘅話題。我話佢：「以前嘅事係以前嘅事，以前你點諗我控制唔到，但唔好夾硬將你嘅幻想加喺我身上。」

我轉身行開，佢捉實我隻手。

「你以前係個如果唔開心，你就會畀其他見到你唔開心嘅人。」佢依舊坐喺度，捉住我，但一眼都無望過我，只係望住前面。佢壓沉聲線，佢話：「我依家直頭覺得你……唔似一個人。」

「唔好講嚟講去都以前啦，夠未啊！」

「見返你就覺得你好唔開心。」佢話：「好似以前嘅嘢全部都唔見晒咁。」

「以前係以前。」我答：「我依家係個咁樣嘅人，就係一個咁樣嘅人。」

「好對唔住……」佢突然向我道歉。

「小姐，你又對乜唔住呢？？」

「係咪嗰陣……」

「唔關你事。」

「我阿媽佢咁樣話你……」

嗰年佢阿媽講嘅說話我仲歷歷在目。你係咪想搞我個女啊。吓？你變態㗎？我個女先中二咋。你走啊！阿女……佢想搞你你仲椿個頭埋去？佢想搞你咋！中學依啲玩玩吓㗎咋！女啊，你唔好咁認真啦！

「其實佢無講錯。」我義無反顧咁答。佢真係無講錯，依個係我一直以嚟嘅觀點。

「阿翔啊……」

「之後我好快就追咗第二個，唔關佢事、都唔關你哋事。」我決斷咁答：「純粹係我想追第二個。」

「果然……」佢喃喃道。

我接住佢嘅「果然」。「係啊，果然。」我話：「我只淨想換過第二個，邊個都好。」

「你黐線㗎⋯⋯」佢哽咽。

「同你一齊嗰陣我 Whatsapp 嘅係一個，不過佢有男朋友。後來我同你分手，係因為第二個。嗰個女仔我同佢一齊咗三個月。」

「你終於肯講。」佢兩隻眼閃住淚光，好似感覺住我一雙眼睛已然垂死。雖然望實佢，佢個樣的確楚楚可憐，但我又唔覺得有咩特別，就一個普普通通想喊嘅女仔。佢一路喊，一路笑，佢點頭：「你終於肯講出口⋯⋯」

「最後咪就係咁樣囉。」我話佢：「你知道我實際上係個點樣嘅人，唔會令你開心咗㗎喎。」

「你唔係個咁樣嘅人！」佢認為。

我坦白：「我就係個咁嘅人。」

天色越嚟越暗，佢嘅身影好似即將消失咁樣，可能係佢眼中，我都係個即將消失嘅人。外邊越嚟越黑，將要入夜，周圍黑色一片，佢得返半隻人影。

「咁之後呢？你之後變成咗一個點樣嘅人？」

今次，佢係異常認真咁問。

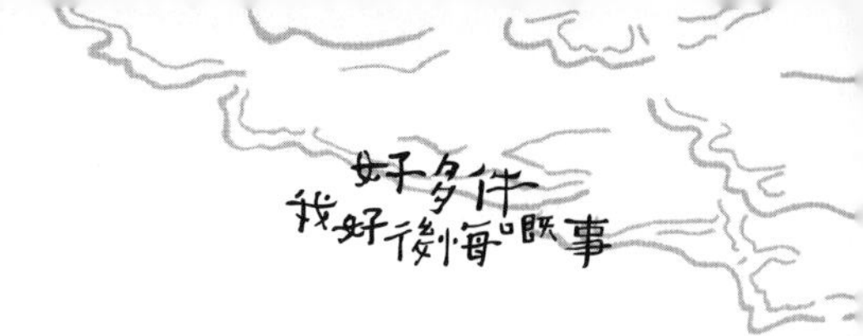


「你都大個啦，唔好成個細路女咁……唔係吓吓乜嘢都要知㗎。」

「咩嘢細唔細路女啫！」佢鬧我：「我想知你發生緊咩事之嘛！」

「你知嚟無用㗎喎。」

「我想了解你多啲，咁得唔得吖？」

佢問嘅時候，語氣好純真。雖然用純真好似描繪得佢有少少白痴，但係，佢係 120% 嘅純真，佢係純粹想知道所以問我，而且佢係 120% 咁想知道。

我深呼吸：「我又同咗個女仔一齊，又分手，去飲酒喺酒吧又識咗另外一個。」

然後佢無再答我，由得我講——

我就一五一十，乜嘢都同佢講：「有晚我同佢做愛，係個好正、好好玩嘅女仔，但之後再無見過，真係可惜。」「做愛」兩隻字我盡可能講得輕描淡寫一啲，「真係可惜」我就用咗個興奮嘅表情。

最後就我有我講——

「然後我同咗個讀者一齊，我去佢到住，食佢嘅飯、使佢啲錢，跟住飛咗佢。點樣？你聽到依到有無對我印象好咗？」

佢耷低頭。

「依幾年都係咁，分手、一齊、分手又一齊。」我同佢講，「你只係其中一個，你唔使咁介懷㗎喎。」

佢一巴打落我到。

我歡懷地笑，好似了咗一件心事咁樣。佢呆咗咁望住我，我依舊對住佢笑，佢又一巴打落嚟，啪一聲，然後到佢忍唔住喊。

「你笑咩啫！」

依舊望住天花，白色，油得好靚，好完整嘅一片天花。「唔知呢，哈。」

「你黐線㗎！」

啪一聲，佢打完一邊，用手背又打另外一邊，佢一路打，越喊就越犀利。失控，我會咁樣形容。

「打死我嘅話我會舒服啲。」我笑住講，緩慢，而輕聲地：「瞌埋眼，乜嘢都過去。死純粹係生嘅對立，死係死，死先係屬於我嘅幸福。」

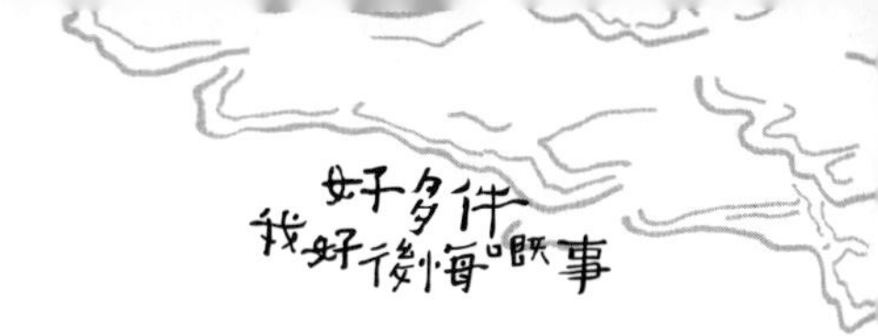


然後佢一巴再打落嚟：「咁點解你唔死啊！」

我呼一口氣：「又係啊可？」忽然有種茅塞頓開嘅感覺：「點解我唔死呢？」

佢啲眼淚一直咁流，望實我，視線無離開過，但我其實一眼都唔敢望佢。佢屋企廳中間嗰盞吊燈，我仔細咁數佢有幾多隻角，到底佢有幾多條對稱軸呢？滿腦子都係咁樣嘅問題，淚水覆蓋眼睛喺流與唔流之間，眼前一片灰濛。

「垂死掙扎，真係樣衰。」嘆一口氣，悠長地：「做人要做到我咁，都算可悲，明明想死，又連死都唔敢。」

「你夠喇……」

「為咗吸引主人注意，只好搖尾乞憐，必要時候做啲錯事，希望有人記得。無論點睇，都係一隻狗嘅所為。」我坦然覺得：「我應該死。」

「唔好死……」佢啜泣，行上嚟，攬實我，佢叫我：「你唔好死……唔畀你死啊。」

「對唔住。」我向佢道歉，無論我係為咗啲咩事而向佢道歉都好，「真係好對唔住。」「就算一句對唔住咩嘢都補救唔到，我都係好想同你講對唔住。」「對唔住。」「對唔住。」「真係好對唔住。」「係我錯啊。」「對唔住。」

「除咗死，已經無嘢可以道到一個更大嘅歉，但係我唔敢。」我唔敢伸出手、唔敢攬住佢。甚至我唔敢掂佢。我退後，將佢推開，去到一個相隔一步、可以睇清楚佢容貌嘅距離。佢喊緊，兩行眼淚沿住臉龐。「一直講死，其實我連死都唔敢，好對唔住。」

「點解你要咁呢？」

「由佢啦。」我話：「返唔到轉頭，點講以前都無用。」

「得㗎！」

「我唔想。」

「做乜要搞到自己咁啫……」

「我應有此報。」

「白痴。」

望到佢對眼就覺得驚，一雙細路女嘅眼，裡面竟然有憐憫。

「我依個答案，你滿意啊可？」我問。

我執嘢離開，行出去時，腳步急到差啲就要喘住氣走。走，我一直咁走。電話響我唔敢聽，有人大叫我唔敢望，輕鐵開車叮叮兩聲都嚇我一跳。想喊，但忍住，一個大男人喺條街到喊肯定係件好醜嘅事，於是我盡可能扮到無事咁笑。邊到都唔敢去，又唔敢返屋企，於是只可以去屋企隔籬嘅海邊，憑弔我以往幾次死嘅嘗試。

行到海邊，聽住浪聲，張開手行，就覺得自己兩袖清風，已經乜都無剩。一個好可憐嘅人，飲酒都無錢，吹住海風，個口好乾，但為咗唔返屋企就一直咁行，沿住海邊，背住屋企嘅方向，走到離屋企好遠嘅地方，去到盡頭，我去到一個海灘。

電話嘟嘟聲咁響，伴隨住海浪，典型代表住死嘅符號。我收起電話，坐咗喺海邊嘅一張長櫈上面。

我諗住打個電話畀朋友傾吓，想由我嘅回憶裡面開始搵返「朋友」依一樣嘢出嚟⋯⋯結果我已經無可能再打得返畀張文靜、無可能打到畀 SY，我搵唔返阿怡，同家雯都無再聯絡。最後我記起西牛依個人，都係一笑置之。至於阿爸，我都係唔好煩佢比較好。

總有啲時候，人會發現自己平時點樣努力咁搞氣氛、點樣努力咁笑，自己都係一隻孤獨精。由一開始，去到依日，肯定都唔係我主動想去變成咁樣。如果話自己喜歡孤獨，未免太中二病，我只可以話，我嘅能力只可以令我有咁嘅結局。

晏晝食完飯之後，我就無食過嘢，喺個袋到死搵爛搵，終於搵到一個五蚊。個五蚊銀，係我喺好耐之前唔小心漏咗喺個袋嘅其中一個暗格到。拎到依五蚊，我得到好大嘅鼓舞。

夜晚好多舖頭都會特別貴，我嘅情況因此變得比午餐嘅時候更加嚴峻，可以食到嘅嘢，就得返嗰間喺黑暗屋邨裡面著住白燈，由廚房入面冒出白煙嘅包點店。佢嘅招牌下面有兩盞射燈，射出兩道白色光，照住佢哋白底紅字嘅毛筆字招牌。間舖頭嘅外面放住兩個鐵櫃，裡面用鐵架分成一層一層，上面放住一個一個白色嘅包。

我行到舖頭前面，岳高頭，望住個價錢牌，我喺上面不斷咁掃，揸住一個五蚊，希望搵到一樣可以用五蚊買到嘅嘢。睇到最後，發現自己只可以買一個饅頭。

好自責點解自己要落到如斯田地，於是我食住個包，走到去隔籬嘅公園仔到，即刻上網，搵咗好多份工。到頭來，根本無一份工可以解決到自己燃眉之急。即日出糧嘅工唔係一時三刻就會搵到返嚟，就算去做補習，頭兩個星期份人工都要畀咗中介先。我諗我仲未補到有人工收，我就已經餓死街頭。

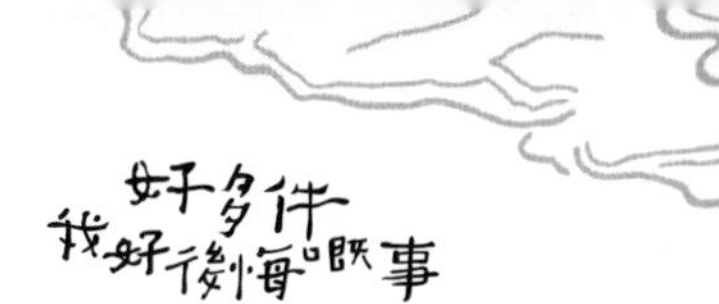


食完饅頭，仲係覺得好餓，於是死死地氣，我就由屯門車站，一路行去碼頭，想返屋企食飯。

我企喺大門外面，諗咗好耐我係咪要敲依一道門，結果人肚餓起嚟，乜嘢門都會想去敲下。咯咯——門嘅背後，又係嗰對鄙視嘅眼。

阿媽問我：「你返嚟做乜？」

我無答佢。

「又唔夠錢使啊？」佢接住問。

「唔係啊！」我即刻反駁。

「喔——」佢將個喔字拉到好長：「乜咁好啊？」佢拉高聲線。

我咩都無講，就行入廁所。

佢指我對腳鬧：「除鞋啊！」

我直接行入廁所，呯一聲閂埋道門，就挨喺門後。心入面盤算：到底我應該點樣喺屋企裡面拎到一個杯麵？如果我喺阿媽面前淥杯麵，我諗我一定又要聽佢說話。所以我決定忍多一陣，等到佢瞓，我先食嘢。

再行出去，阿媽已經入咗廚房，我返返入房。我張床上面放滿紙箱。我一個一個將佢哋搬返落地。

阿媽佢跟住入房，見我搬啲箱，又指住我鬧：「你又做咩啊你！」

「唔好整爛啲嘢啊！」佢指住個箱：「細力啲放啊！」

我問佢：「有無布？」我望吓張床，我話：「我想抹抹張床。」

「出面啊！」佢睇住我將佢一個一個紙箱搬好，跟住先至行開：「自己拎啦！」

阿爸拎咗條毛巾過嚟，叫我企埋一邊，幫我抹咗張床。

我同阿爸講咗聲：「唔該。」

佢話：「唔使。」

我匿喺房，無再出過去，瞓喺床上望住天花，蜷縮住身體入眠。但當然無法入眠，咁樣嘅動作維持到十一、二點鐘左右，我個肚就不停打鼓。阿媽仲喺出面睇緊電視。

我縮入被竇，不停咁喊，但用力壓住聲線，確保喊聲傳唔出房。然後我繼續喊。嗰晚我喊咗好耐。可能因為太肚餓，因而精神好差，好似硬係冷靜唔到落嚟。我已經有好多年無再喊過，點知一下子就將所有眼淚鼻涕都喊晒出嚟，好似一個氣球不斷縮細，將佢嘅氣放到最盡，最後縮成一嚿皺皮嘅嘢。喊得真係好撚樣衰。

不如我今日就死，好唔好啊？我問自己。

我自己答唔出嚟，我自己一個企咗起身，行到窗邊。窗外面嘅世界好大，下面有一道橫越而過嘅橋，有一條輕鐵軌、無遠處有一個輕鐵站，再遠啲就係一條馬路，通向睇唔到嘅地方。正前面望出去，喺高樓同高樓之間，隱隱約約可以見返啱啱嘅嗰一片海。地下由石磚砌成，長方形兩橫兩直，砌到一個個正方形咁。

望住個窗，最後我都係選擇活著，真係好撚好笑。

一諗到將我埋葬嘅嗰一筆錢要由爸爸嚟出，我就覺得好唔好意思。但點講都好，依個都係好爛嘅藉口。

我坐喺度，岳高頭，望住窗外嘅月光，睇住雲慢慢飄到月光前面，又慢慢飄走。眼光光等咗好耐、好耐……等到外面嘅電視聲無晒，大廳嘅燈都熄埋，乜聲都無，我先再行出去，偷偷地行入廚房，淥咗個杯麵食。

黑蒜味好好食。

希望睇到依到你哋無笑出聲。嗰晚因為有嘢落肚，實在太過感動，我又喊多咗次。

## NOVEMBER

出版社位於一個工商業區嘅邊界，佢隔籬大約兩個街口，有個好大嘅商場，嗰到好靚，外圍全落地玻璃設計，反住光，日頭可以喺上面見到天上嘅雲，夜晚就會見到商場裡面著起晒燈，入面嘅人行嚟行去，一間間舖頭開住營業。

而嗰間出版社，就喺再兩條街遠一個工業區嘅邊緣。佢未入到工業區嘅中心，但以認知嚟講，佢已經進入咗工業區。一幢幢工業大廈中間，就係嗰間出版社所在嘅大廈。依個地方我嚟過三次，第一次係我本書出版之前，第二次係我本書出版之後，第三次就係我山窮水盡，銀包一個仙都無嘅時候。如果拎唔到錢，我分分鐘連搭車返返宿舍都做唔到。

馬路好多車，一架架貨車，向住工業區嘅方向駛去。沿途好多間唔同嘅店舖，由商場開始行過去，馬路兩邊開滿一間間茶餐廳、一間間麵檔，汽車嘅煙將依啲工廈嘅牆身燻到灰灰濛濛。

越行近工業區，地下嘅水泥路越凹凸不平，有啲灰色近黑嘅水窪，我小心翼翼咁跨過去，但避到一個又避唔到第二個，所以連一步一步咁行過去，都特別狼狽。

我睇住部電話，跟住Google Map上面跳吓跳吓嘅GPS嚟行，放大地圖，確定我喺兩條正確嘅街道嘅交界上，搵到方向，記得自己以前嚟過依到，我就行到過去。去到嗰一幢大廈嘅地下。

「喂，請問你哋喺度嗎？」我透過電話問。

嗰間出版社嘅總編輯聽到係我，反應好驚奇，佢「咦？」咗一聲，等咗一陣，好似猶豫咗好耐。佢問：「係咪有咩事？」

「係啊。」我話，「我喺你哋樓下啊。」

「嗯？」佢聽到我喺樓下就表現得更加驚奇：「咩話？」

「我喺你哋樓下。」

「哦哦哦……」佢窒咗窒：「我依家落嚟開門。」

出版社座落喺兩幢好大嘅工業大廈中間，一棟又窄又矮嘅矮樓入面，連��都無。總編落到嚟，一路打開樓下鐵閘門，一路同我講：「喂，阿翔，乜咁突然上嚟嘅？」

我跟住佢行上樓梯，樓梯好暗，地板有漬水，周圍又多塵。我跟住佢一路行上去。雖然叫「社」，但間嘢其實只係一間房仔大細嘅公司。

「係啊。」我答，但仲未敢講出來意。

「上嚟先啦。」佢帶我上到去，打開門，又見返上次我哋傾出版時嗰張長枱前面。佢招呼咗我去一邊嘅梳化坐低，斟咗杯水畀我。

「唔該。」我接過佢手上嘅杯。

「依排幾好吖嘛？」佢隨口問。

如果要我答我過得好好，我一定會心虛。

我硬住頭皮答：「OK 啦。」

見到佢點點頭，佢應該信我過得還好？咁我都放心落嚟，鬆一口氣。但又唔係，忽然回心一想，後腦頓然痺咗一下，心裡面諗：如果我過得好好，咁我一陣點樣同佢講得出口？嗰啲「我想要錢」咁樣嘅說話，唔使一陣，我塊臉就緊張得脹到紅晒。

「咁特登上嚟嘅？」佢問。

「咁啱行過……」仲諗緊應該點問佢要錢，但下意識又唔想畀佢知道我無晒錢：「唔係……」

佢撐大眼，對我一臉疑惑，眼神越嚟越奇怪。我搖搖頭，深呼吸。於是佢就更專注喺我面上。

「係咪有咩事？」佢問。

「無咩嘅……只係……」

拖拖拉拉到一種地步，佢都開始有啲唔耐煩：「咩嘢啊？」

人窮，連說話都唔敢講得大聲。

「係啊……」講出話頭，但又吞吞吐吐：「係有啲事嘅……」

「咁係咩事？」佢追問我。

我嘗試將說話講得婉轉一啲。

「我想問，版稅幾時可以有？」

「哦……」佢笑咗笑：「哈哈，上次咪同你講咗囉！」佢好強調上次就已經同我講咗：「要等半年吖嘛。」

我好想同佢講我等唔到半年。

「半年啊要……？」我問。

「係啊，半年。」佢唔等我講落去：「你咁快唔記得嘅，哈哈。」

我瞌埋眼，深呼吸，決定單刀直入：「我想問可唔可以早啲拎？」講完，個心就緊張到發狂咁震。

佢呆咗呆：「吓？」

「我真係好需要依筆錢。」我半鞠躬咁問。

「咁樣唔啱規矩喋喎……」跟住佢就同我講多一次成個版稅分發嘅流程：「係要等發行嗰邊出咗條數畀我，我哋再跟住同佢哋拆，計好數之後，我哋就計返條數畀你……」

「我知，」我打斷佢：「但係我真係好需要依筆錢。」

「啊……咁樣我哋都幫唔到你喋喎。」

「求吓你。」

「我哋真係幫唔到手喋……」佢解釋：「就算有條數出嚟，我哋仲要等埋會計部，再畀老細簽返張票……」

「求你。」我彎低腰。

「啊……唔好意思啊。」佢依舊吞吞吐吐咁答：「規矩係咁，我哋唔可以做壞規矩喋。」

「我真係好需要依筆錢。」

「不過啊……其實筆數多極都係幾千一萬。」佢同我講：「筆錢未必真係幫到你咁多喋喎……」

「有就已經好好，希望你幫下手。」我低聲下氣咁哀求。

「你知啦……」佢語氣緩慢，放輕聲量：「其實一本書我哋都唔係賺好多。」佢話：「好似我之前都同你解釋過咁啦。」又再重複以前佢講過嘅說話。

「三分一……唔係。」我話：「十分一都好，你出住畀我先。」

「咁啊……」而佢，一路講就好似有啲咩難言之隱咁：「或者我直接少少。」

我保持彎住腰，少少都唔敢抬起，怕一唔小心就畀佢打發開去。

「其實個銷量都唔係話好好啊……」佢繼續講，「所以計落，其實我哋依家真係出嘅話，都唔係話出到好多畀你。」

一時之間，啞口無言。

「書展嗰陣係好好嘅，仲諗緊可能要再版……」佢慢慢慢慢咁同我講：「但你知啦，好多你嘅讀者買咗，但街客就唔係話好多……」然後，佢深呼吸，同我講：「出返書局賣，個銷量就差少少。」

「嗯。」我出盡力答。

「所以，我哋都未必好幫到你㗎。」

「就算少少，少少都好吖。」我向佢請求：「一千……唔係，五百都可以……」

「吓？」佢垂低手，彷彿畀我嘅說話嚇親。

我諗佢應該未見過一個咁低賤嘅寫手，其他人應該比我得體好多，至少可以抱住一種「當係興趣無視收入」嘅姿態，「高談闊論自己出過一本書而完全不理世人目光」，為「口味、主題同筆法與主流不同」而自豪，「我係我」，講出嚟嘅時候鏗鏘有力。但我一啲都唔可以，我活唔活得過依個星期嘅決定因素就係錢。

好似我咁樣嘅人，一邊輕言死，一邊又為點樣活著而一直煩惱，真係既可悲，又可恥。到底我算係堅強定懦弱呢？連我自己都搞唔清。好似一個新手編劇，明明想故作高深咁寫套悲劇，但最後得返一套鬧劇。所謂「眼高手低」，就係咁樣。

「求你吔，可唔可以早少少出畀我？」求人求到一半有啲哽咽，我叫自己喊，如果可以喊到出嚟嘅話我成功嘅機會率應該會高些少？我諗。「依筆版稅，我真係好急住要。」我再向佢鞠躬請求：「我求你。」

竟然緊張關頭，先至喊唔出口。一方面知道自己羞家，為咗幾百講個求字，但另一方面又知道自己一定要係咁做——結果只可以彎住腰咁紅起塊臉，進退失據，哭笑不得。

「幫幫忙吖。」我繼續講。

滑稽如我。

「不如咁啦，阿翔，」佢叫住我，將我扶起，然後伸手入佢後面褲袋，拎咗個銀包出嚟，喺裡面拎出兩張五百蚊紙：「依到我當私下借畀你先啦。」

我兩眼盯住佢手上嘅兩張五百蚊紙，目不轉睛，吞一啖口水。

「到真係出版稅嗰陣，你先再畀返我啦。」佢話。

「咁……」我一邊叫自己伸出手接，一邊又叫自己唔好咁快伸出手接：「我想問呢……」

佢嘅兩張五百蚊停喺我哋兩個人嘅正中間點。彎低嘅腰挺唔返直。眼光一直停喺依兩張五百蚊紙上。

「依家嘅話，版稅大約有幾多？」我問。

佢用力握一下手上嘅錢，實實在在「嚓」咗一聲。

佢話：「依到應該有一半。」

眼淚凝喺眼眶。

「阿翔你無嘢吖嘛？」佢問。

「無嘢。」

佢笑咗笑，搭吓我膊頭。佢同我講：「寫小說做吓興趣，咪當得閒有讀者請你食個下午茶囉，都好好吖。」

夜晚返屋企途中，搭小巴一瞓著就搭過咗站。本來應該屯門落車，但有返意識嗰時已經去咗元朗，結果要喺麥當勞瞓到第二朝早，等輕鐵開頭班車時，我先有車再搭返屋企。

一時之間好難再搵到一份人工高，又即時出糧畀我嘅工。靠住嗰一千蚊所謂嘅版稅，飲完一晚，第晚就連酒都無得再飲，連活著都有困難，只能醒住呆到第朝。以前積落手震嘅問題無減輕到，精神依舊無法集中，莫講話要再打返文（嗰時已經唔係諗想同唔想，而係做唔做到），連做完一份功課都只係勉勉強強。

活著嘅問題，肯定可以用死嚟解決，我諗。但我就一直不由自主咁想要活著。對所謂生活已無所求，又無一定要努力去完成啲乜嘅必要，只係偏偏唔捨得死，就唯有喺痛苦中苦苦掙扎，捱到第日繼續捱苦。

後來我諗到一個舒服啲嘅方法，就係借錢。

我問西牛借咗五百，第一次佢以為我真係會還，到第二次再問佢借佢已經耍手擰頭。雖然會有啲嬲，感覺被出賣，但係喺佢鄙視嘅一雙眼中，我又明白，如果有個唔還錢嘅人嚟問我借我都一定會耍手擰頭。搵返 SY，佢好快就覆咗我，但到 SY 知道我只係想問佢借錢嗰陣，隔住一堆字都感受到佢嘅失望，最後佢借咗一千畀我，之後我唔敢再去搵佢。試過連家雯都問埋，佢 Cut 咗我線。我斷斷續續問咗好多唔同嘅人。

雖然折墮係折墮咗啲，但比正正常常咁做人好受。一發現原來人單靠借錢都可以活到落去，就好難再做返嘢，好似上咗癮咁。

DEC
1

後來張文靜搵我教歷史，畀咗五百蚊我。

佢同我講：「不如你嚟幫我補習？」

吞啖口水，撐大對眼，我發咗呆咁望住佢手上張五百蚊紙。

「唔想。」我話。

我唔想收到張文靜畀我嘅錢，但視線無離開過錢。

「出面搵人補都唔止依個價啦。」佢解釋，仲苦苦哀求：「你有時仲教埋我其他科，仲要你次次入屯門，我都唔好意思。」

竟然係佢畀錢我，向我道歉。

我話：「唔使。」

無論係咩情況都好，錢對我嚟講，都極之吸引。人一旦無錢，好多決定就唔到我嚟決定。

佢話：「要嘅。」

嗰日係冬天最凍嘅一日。

「好。」我應承咗佢。

接過佢手上嘅錢，內心其實為一個星期嘅生計可以得到解決而沾沾自喜；同一時間，我就盡費心神忖度，到底張文靜係一心想我收佢嘅錢，定係佢已經發現咗我根本無錢嘅事實。

張文靜問：「唔會好阻到你返工吖嘛？」

「唔會。」我答。

張文靜瞇起眼，對住我笑，又係一副天真爛漫、一個細路女見到糖嘅表情：「咁我靠晒你㗎喇！」

「啊……」有人靠我，我係咪應該感激：「多謝你靠晒我啊，」我話：「我會努力。」

佢聽到我咁講，興奮咁舉起手隻，畀個五我：「嗯！我哋一齊加油！」

呆住望佢清澈嘅雙眼，不知不覺就舉起雙手，佢伸手過嚟，拍向我。

啪——

唔知應該點樣同佢表達我係「真係真係」會努力。對住一個無論如何都信我嘅人，唔知點樣可以話畀佢聽，我今次唔係講大話。

「我真係真係會努力。」我話。

但佢好似覺得我依種講嘢方法好白痴：「得喇！知㗎喇！」

好想佢真係可以好好咁考到個試，好想真係可以幫得到佢，好想佢可以過得開開心心。心裡面開始有咗依種諗法，我最後係點都好，好想佢可以過得幸福。

「你啊！做咩呆咗咁嘅喂！」

我微笑，搖搖頭：「好耐無幫人補過習。」我話：「有啲怕會害咗你。」

點知佢好肯定咁同我講：「你幫到我好多，聽完你講，我都明你講咩。」

「係咩？」我覺得我教得一啲都唔好，而且應該未好到有資格教人——無論係教書，抑或係其他事。我諗我都唔係個稱職嘅人：「我真係會幫到你咩？」

「嗯。」佢點頭。

但正因為咁，我先更加之驚，我都好難信得過自己。

佢唔識數學，我就教佢做數學，遇到有啲咩嘢我唔識，我就上網搵，再喺腦海中將嗰一條公式、將嗰一條解法回憶過嚟。DSE 對我嚟講已經係幾年前嘅事，回憶起嚟，的確有啲辛苦，好似斷咗片咁，但我無論如何都想將個答案搵返出嚟。仲有

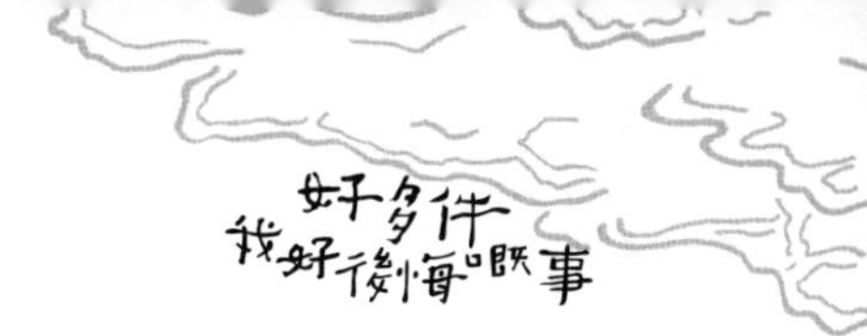


中文，我將我可以教到佢嘅都教晒佢，有啲聆聽卷嘅技巧啊、到底我以前點樣作文、點樣起稿、點樣審題……

「你真係明？」我問。

佢對我點頭：「明啊。」

我將一份卷推到佢眼前：「咁你做一次畀我睇。」

佢拎起筆，開始做。佢聚精會神喺題目上面，我聚精會神於佢。佢耷低頭、前額嘅頭髮垂落嚟，佢諗緊嘢嘅時候會伸一伸脷，馬尾安靜伏喺佢嘅背後。然後，我對於我會咁樣望住一個小妹妹，感到有啲羞愧。

佢問我：「做咩望住我。」

「等你快啲做完吖嘛。」我答佢，「等緊你啊。」

佢揚起手，擋住我。「唔好望住我，」佢話：「咁樣我會諗唔到嘢。」

「好。」我答。

佢一雙眼好似會反光咁，好似某一個安靜嘅湖面，清澈到可以見到湖底嘅石。

佢鬧我：「你仲望！」

「唔好意思囉。」我話。

中午時分，室內仲靠住窗外嘅自然光照明，但午後時分越嚟越暗，我企起身，行去開燈，兜去佢嘅背後，陽光照到佢白色嘅 T 恤上面，現出佢胸圍嘅輪廓。

我忽然覺得好驚，擰轉頭，喺間屋到周圍咁望。伯母同以前一樣，喺午後時分坐咗喺廚房入面瞓。輕鐵震動路軌嘅聲音、剎車聲、一班細路喺度追逐、窗外叫春嘅雀，中午過後，時間過得好慢。張文靜好苦惱，遇到一條唔識嘅題目。

「唔識做啊！」佢突然大叫：「好辛苦！！」

我噗一聲咁笑咗出嚟，忍唔住。我同佢講：「慢慢做就做到㗎啦。」

「點做啫！都唔係人做嘅！」佢拎起份卷，指住份卷嚟鬧：「連條題目都唔知佢嗡緊乜！」

我走過去，細心望住佢份卷。「哈哈，」我笑，然後諗咗一陣：「吖，原來我都唔識。」

「咁咪係囉！」佢繼續鬧：「人做嘅咩？！」

「不過，」我慢慢咁講，補習嘅時候連一條中學生嘅數學都唔識，真係件好醜嘅事：「數學應該係唔識先至有做嘅意義。」

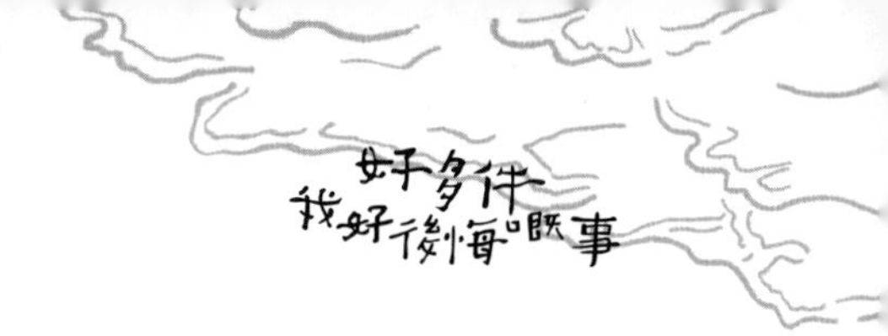


佢呆咗咁望住我。

我解釋：「如果題題都識，咁人就會變成機器，好似比唔識得做更加可憐。」

佢邊笑邊講：「真係咁咩？！」

「好似係。」本來想好好地講句型啲嘅說話，但畀佢一問，不禁怯咗一下：「我諗。」

係佢鬧返我轉頭：「歪理。」

鬧完，我哋兩個同時間靜咗幾秒，又一齊笑。竟然畀佢鬧返轉頭。「咁一齊諗吓點做囉。」我死死地氣同佢講：「一定會諗到嘅。」

打開電話，最後我都係揀咗問同學，問咗好多個人，連只係上堂見過兩面嘅嗰種人都問埋。有啲人答我唔識，有啲人藍剔咗我，最後答嘅人唔多，得嗰一個。

西牛 Whatsapp 咗張圖畀我，直接喺張紙到寫個解法出嚟。我拎幅圖畀張文靜睇。張文靜「哦！」一聲，就不停喺張紙上面寫，謎底解開，對埋答案，佢計啱咗。

或者正確啲講，係西牛計啱咗。

張文靜好開心咁話：「你個朋友好勁！」

「哈哈，係啊。」我勉強拉出個笑容，「佢係好勁㗎。」

估唔到我連計數都輸埋畀西牛，人生真係一次都無贏過佢。張文靜見到自己計啱條數，佢好滿意，拎起寫咗算式嗰張紙，睇完又睇。

「原來可以咁做……」一段好長嘅時間，張文靜一直為住一條數學題而驚嘆。

而我已經痛恨西牛，對佢恨之入骨，恨不得佢死。

「好勁啊。」張文靜不停咁喺我面前稱讚西牛。

我瞇起眼，有咁開心扮到有咁開心。

「佢係你咩朋友嚟㗎？」張文靜問我：「佢讀咩科啊？」

我盡可能寬容咁笑：「唔重要啦。」

避開咗佢條問題，佢無再追問落去。我暗自感嘆自己可悲，但又無力逆轉，除咗笑，咩都做唔到。

我叫佢：「你繼續做下題啦。」

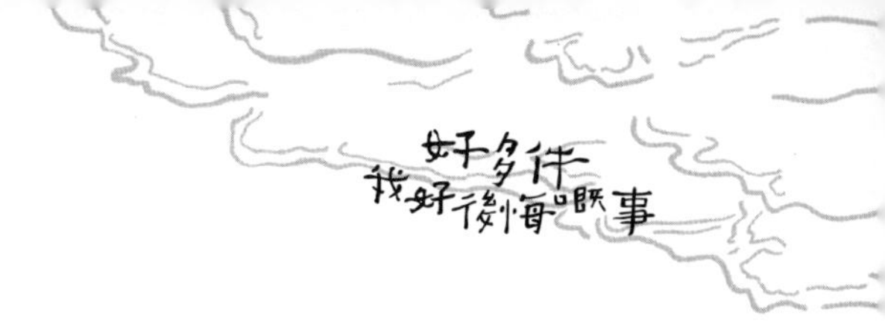

張文靜打嗰個電話畀我嘅時候，時間已經去到十二月中。嗰陣係中午嘅十二點半，我啱啱起身，中學生啱啱放飯。

「喂？」佢依舊溫柔嘅聲線，好似喺我耳邊同我講早晨一樣。

「咳。」起身嘅時候喉嚨好乾，對比起嚟，我有啲對唔住佢，「早晨。」

「Err 呢……我今個禮拜六日都唔得閒。」佢先入正題問我：「轉第日搵你得唔得？」

瞓喺張床上面聽佢電話半睡半醒，我隨口就答應咗佢。「好啊。」

我問：「你想邊日？」

我哋一連講咗幾個日子，佢得閒嘅時間就到我要飲酒（當然我係答佢要做功課），而我得閒嗰時，就到佢有嘢做。

本來想收線，叫佢今個禮拜就自己溫下書先，反正我早排借嚟嘅錢，仲夠我活多一個星期。

「咁唔緊要啦……」佢話。

拜拜講到嘴邊。

然後佢提議：「不如我出去搵你？」

我拒絕：「唔好啦，咁遠。」

我坐起身，挨住床頭，聽到佢把聲，覺得好暖，安靜而輕細。雖然唔忍心拒絕佢，但為咗佢好，「你用多啲時間溫吓書仲好過啦。」我同佢講。

「我都想去你哋學校行吓。」

「吓……」膊頭夾住電話，一時之間唔知點答佢好。環視四周，宿舍房間衣衫散亂一地，薯片、蝦條、曾經裝過酒嘅空樽。成間房酒氣彌漫，夾雜住一陣怪味。好怕佢見到我真實嘅生活。

「唔得啊？」佢反問。

「唔係。」我即刻答。

始終敵唔過反問句。

「咁得啦！」佢表現得好興奮：「成日都屈喺度溫書，好悶㗎！」

「好……」我有啲心虛。

「我聽日下晝過去得唔得？等我放埋學先……」

「唔會好夜咩？」我盡我最後嘅努力拒絕。

失敗。「唔會。」佢答：「我聽日過去搵你！」

就係咁，講多兩句再見，我哋就收咗線。

第二日張文靜就上咗嚟。

十二月中，天氣好凍，張文靜嚟嘅時候著住套灰色嘅冬季校服，仲著住件校褸，係新式一大件、深藍色、毛絨絨，好鬼死厚嗰一款。因為室內暖少少，佢除低件校褸、仲有條頸巾，坐喺我張床上面。

可喜可賀，全日無事發生。嗰日我呃咗佢話我全日無堂，陪住佢溫書溫到十點半鐘，我就準備送佢返出去搭車。

臨走之前，我叫佢喺間房到等我一陣，佢玩電腦又好，用下手機又好啦，慢慢咧下，我落去用埋大學部影印機，印多兩份 Past Paper 畀佢，佢應該點都有用嘅。

拎住疊紙嘅時候，我忽然飄過一個好奇怪嘅念頭——我希望可以活下去，至少活到張文靜考完 DSE。本來黑暗嘅路，好似見到不遠處有一點光，於是就用盡力繼續行。行返去房門口，一臉樂觀咁打開門。

當我返到去嘅時候，西牛已經返咗嚟。

「哦！原來上次嗰題就係你 Roommate 做㗎？」張文靜一路指住西牛，一路問我。

西牛兩隻眼直盯住我。

「哦……係啊。」我好唔情願咁答。

西牛視線無移開過，只係勉強運動嘴邊嘅肌肉，生硬咁對住我笑。笑嘅時候，佢嘴巴微微傾斜，莫名歪側，眼裡閃過嘅一道光，佢對校服同處女無限地渴望。

「你 Roommate 好好笑啊！哈哈！」張文靜側住頭，瞇起眼，然後佢好開心咁同我分享啱啱西牛講過嘅兩個笑話。

「又邊係呢？哈哈。」西牛附和張文靜，兩個人喺我面前有傾有講。

我置身其中，又彷彿被拒於外。我對西牛由衷驚怕，佢眼光直插向我，我竟然前所未有地驚。「報應」，滿腦子我淨係諗到依兩隻字。

西牛一手箍住我，佢問：「你師妹咁可愛，做咩唔介紹畀我識！」

然後，張文靜聽到西牛話佢可愛就好開心：「唉啊你咁講嘢嘅。」

深呼吸。佢兩個都無為意我。

「哈哈哈。」西牛傻傻下咁撓下頭：「咁係吖嘛，哈哈哈。」

「信你先奇啊！」張文靜鬧西牛。

係傾得好開心嘅兩個人。

西牛舉起手，作掌嘴狀，一手輕輕打向佢自己，一邊「掌嘴、掌嘴」咁叫：「我邊得講嘢咁 Flirty 嘅呢？邊得咁嘅呢？」

「你做咩嘢啫！」張文靜掩住嘴，望住西牛：「你唔好咁白痴啦！」雖然阿靜鬧佢白痴，但又不停咁笑。

我連搞笑都輸畀西牛。西牛又指住自己個口，再傻更更咁笑：「我平時見到女仔就口窒窒窒窒㗎喇……」

「無你咁好氣啊！」張文靜撥一下頭髮，避開佢嘅視線。

「有咩唔識你仲可以搵我問㗎！」西牛瞇起眼，溫柔咁望住張文靜，西牛竟然會做到依種眼神，一方面覺得佢好厲害，一方面又對佢越加痛恨。

我打斷西牛嘅說話：「唔使咁麻煩啦，有咩我再問你都得。」講完，我走向張文靜，微微揚起手，擋住西牛，多謝佢嘅好意。

西牛好似唔志在咁：「唔緊要啦。」佢放慢語速：「咪當多個人幫下你囉，又唔麻煩嘅。」

「唔使客氣啦。」我搶住答。

最後，張文靜應承咗佢。「好啊。」

「唔使咁麻煩喎真係！」我好似喺一條將斷嘅繩前，伸盡手想拉佢返嚟，但繩已經斷開。

「唉吖，你咁蔫塞嘅！」西牛提高聲線，遮起雙手，縮起膊頭：「下下佢又搵你，你再搵我，我搵返你搵返佢，咁樣咁咪仲

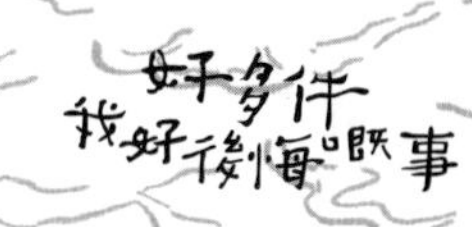


麻煩！」佢問：「你話係唔係先，係唔係先？」

笑到張文靜耷低頭，完全無視周圍發現嘅事。西牛佢就睥實我，拉起嘴角，佢用口型同我講，你唔好多事。

「阿靜，走喇。」我叫佢。

依個時候，佢先醒起佢要返去。佢執好個袋，確定所有嘢都放晒入去無嘢漏低，之後佢就著返件褸，攬返條頸巾。

佢同西牛講咗句「拜拜。」

「拜拜～」西牛對佢揮手，瞇起眼：「記住啊！有咩唔識可以問我㗎～」

離開宿舍行去火車站嘅路上，條路好長，我哋經過好多幢矮矮細細嘅豪宅，經過沿路種滿嘅樹，跨過馬路。張文靜行喺前面，行行下，我哋就行到一條橋上。條橋橫跨過窩打老道，橋下車來車往，夜晚車頭燈一點點咁喺橋底穿過。

張文靜問我：「你個朋友呢，平時係咪都係咁好笑？」

我一直行。「西牛佢啊……」之後就唔知點講落去。

「佢好好笑喎！」佢好興奮咁話：「大學好似真係好好玩，有啲咁正嘅人做 Roommate ！」

「嗯。」我隨口答，將要講嘅一切收起。

「你哋平時仲會做啲咩？」佢問。

「無咩特別嘅，都係打吓機嗰啲。」我將其他人嘅生活講出嚟，當係我自己嘅生活。已經好多次，有時會連我自己都呃埋，覺得自己正常。

「有無啲健康少少㗎！」佢鬧我：「你唔好成日打機啦！」

「有嘅。」我答：「我估。」

佢追問我：「平時仲會玩啲咩啊？」

走喺條橋上面，一步一步咁行，經過兩個夜晚行緊返宿舍嘅人。依道灰色嘅橋，一眨眼行咗四年，橋兩邊大概有四分三個人嘅高度，夜晚嘅車仲係行極都行唔完咁，馬路直通向遠處，一轉彎應該會去到旺角啩？我諗。因為唔識揸車，平時搭巴士又掛住發夢，所以我永遠都認唔到路。認唔到路就會迷惘，唔知點好，好多時都係咁。好廢，我咁大個人，伸成個白痴咁樣。

「唔好黐住西牛。」

張文靜聽到嘅時候，靜咗落嚟。佢問：「點解？」

「總之唔好黐住佢。」我叫佢：「聽我講吖。」

「點解啊？」佢問。

「佢唔係好人嚟。」我答。

「係咩……」但係佢唔信：「我見佢對人好好啊，又肯教我。」

「聽我講。」除此以外，我唔知點樣可以解釋畀佢聽：「唔好再理佢喇，唔理佢對你幾好都好。」

「啱啱我見你哋都無嘢㗎？」佢問我，「你哋仲笑笑口咁嘅……」突如其來被人叫自己疏遠一個人，一定係一件好奇怪嘅事，如果聽到嘅係我，我都會好想知道發生咗咩事。

佢問：「你哋鬧交嚟？」

「我哋無鬧交。」我企喺度，嚟到天橋嘅正中間，佢又跟住停低。剛才經過嘅人已經離開，好少人會喺夜晚再行依一條橋。

「咁做咩啫？」張文靜一臉茫然。

「佢唔係好人嚟，喺佢身邊下場一定好慘。」

「你呢？你同佢朋友嚟㗎嘛？」佢問。

「應該係？」我慢慢咁答，小心翼翼：「我同佢應該係朋友嚟嘅。」

「佢咁衰你又同佢做朋友咁奇怪嘅。」

「啊……又好似係啊可？」環顧四周：「好奇怪啊可？」

「嗯。」

畀佢咁問一問，我都覺得怪。

「我又會同依種人做到朋友㗎可？」

「係囉？」佢反問。

所以，應該係我哋身上一定有啲相似之處，先至會做到朋友？我又再沉默落嚟，講唔到啲乜，都可能係無資格再講。

「你自己都唔好得去邊啦，仲好話人。」

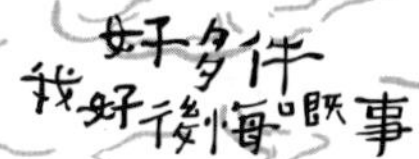

當然知道佢喺度講笑，而為咗令佢覺得依個笑話有效，免得佢失望、傷感、或者尷尬，我依舊努力咁陪住佢笑。

「哈哈哈！你又無講錯！」我盡可能用講笑嘅語氣去講一句真話，卻比平時普普通通咁講一句真話更攰：「我真係唔係好人啊可？」

佢笑笑吓咁，又話我一句：「你好意思話自己好人咩？」

我同佢之間一切嘅回憶裡，我諗我都唔係一個好人。如果要我突然間做返好人，睇怕我都無咁嘅資格。我根本無資格對一個人好，咁樣未免太侮辱其他人，嗰啲一直都對緊其他人好嘅人。

「唔好意思啊。」我答。到底我係講緊我唔好意思，抑或我係向佢道歉，我一直都分唔清楚，落到記憶裡面，就跟住變得更加模糊，我真實嘅諗法因此更加無可能再挖返出嚟。「唔好意思。」

「啊……」張文靜又再呆咗咁樣，可能佢都分唔到。佢話：「我講吓㗎咋……」

佢一臉驚惶，佢好似怕自己又令我傷感，於是我即刻笑：「玩吓你咋！」我拍吓佢：「點先！問你驚唔驚！」「哼！成日話鬼我吖嗱！？」我話。

「啤！」佢一擰轉頭，就繼續行，行喺我前面，無再理過我。佢一眼都無望返轉頭。

「喂，你應承我先啦。」我叫住佢。

佢繼續行。

我繼續嗌：「唔好同西牛有聯絡，好唔好啊？」

佢反問我：「就係因為佢係一個衰人？」

「嗯。」

「你無嘢要講喇？」

我搖搖頭：「無其他喇。」

「唔應承你。」佢一口拒絕。

「求你。」

「唔得喎。」

我追住佢嘅背影急行。火車站面前，一過閘機就係月台。夜晚時間，等車嘅人唔多，喺閘機面前，張文靜轉身，望住我，兩隻手擺喺身後，側住頭。

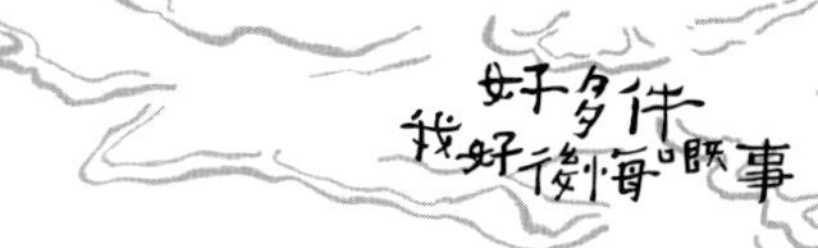


佢拉高聲線咁同我講：「等你緊張下都好！」

「唔好玩啦。」我捉住佢隻手：「我講真㗎。」

「你都係衰人嚟之嘛，佢又係衰人，你哋又咪一樣。」佢甩開我：「我同你傾偈又得嘅？」

「唔同㗎……」

「有咩唔同啊？」

「我想對你好。」我好肯定咁同佢講。

佢即刻避開我：「肯定你成日都係咁同女仔講㗎啦，我先唔信你。」

「唔係㗎。」我否認：「真係唔係㗎。」

「信你都傻。」佢一路伸手入個袋到，喺個袋到搵返個銀包出嚟，一隻腳微微提起，托住個手袋，連個頭都靠埋去，專注咁搵。「唔理你啊，等你對其他女仔咁衰吖嗱！」

「我唔會㗎喇……我以後都唔會㗎喇……」

「哈！你講到好似鍾意我咁嘅！」佢問：「你仲鍾意我咩？」

我悠長咁嘆咗一口氣，車就嚟到。

「我唔知。」我答：「我諗應該唔係喇……」

唔敢再話自己鍾意一個人，每一次都悲劇收場。

「可能我唔會鍾意人。」我話。

「哈，唔會鍾意人添啊？」佢終於拎到個銀包出嚟，轉身行。

「你應承我先。」我叫佢：「唔好理西牛。」

「哼！依家我就等你緊張下！」佢一步一步，越行越遠，路軌傳嚟火車行駛嘅聲：「代其他女仔嚟教訓你啊！睇你後唔後悔！」

「我後悔喇……得未啊！」我對佢嗌。

「好啊，咁你答我吖，」佢停低，問我：「你係後悔啲咩吖？」

垂低手，目空一切，張文靜身後嘅景物慢慢慢慢變做一團白色。車要嚟到，人要走。我同張文靜隔住一部閘機嘅距離，一步一步，佢向後退、向後退。當時，我無答佢。

「哼。」佢鬧我：「你都唔知你後悔啲咩！就唔好答到咁口響啦！」

鬧完，佢就上咗車，部車就閂埋門，閂埋門就開走。開走咗，又見得返對面月台，連對面月台都已經無晒人影。

可能，我根本唔係後悔緊某一件事，而係後悔緊好多件事。

改一兩個決定已經改變唔到啲乜。

平安夜嗰晚，我挨喺房門外面，聽住西牛同阿靜做愛。我用咗好長時間思考我應唔應該敲依道門。但依種時候敲門，好似好無禮貌，所以最後我乜都無做，就喺房門外面，聽住阿靜呻吟、喘氣、用氣聲喺西牛耳邊講嘢，安靜而深沉。

「啊……」

「細聲啲。」

原來張文靜會有依一把聲，我第一次聽，環繞喺耳邊，揮之不去，好似一條將我勒住嘅繩。

「喂也！」

「噓——」

隔住道門，依稀聽到一男一女依偎纏綿，西牛一定好興奮，處女啊、校服、親吻佢雙唇、摟住佢腰、將佢壓喺床上，應該都係咁上下，我諗。西牛嘅笑容，嗰一張臉，一剎那間填滿我腦海。當佢發現張文靜係處女，我諗佢一方面又驚又喜，一方面會喺心裡發癲咁恥笑我，然後分享佢今晚玩得有幾開心。

我一個人喺宿舍嘅走廊上面企喺度。平安夜，要走嘅人都走晒，除咗佢哋兩個人做愛嘅聲，到處都死一般靜。由走廊望向盡頭，宿舍空無一人，只有偶爾傳嚟一兩下張文靜嘅尖叫聲，佢叫住西牛，但聲線慢慢又被西牛壓過，佢哋一方面好怕聲線傳到出面，但一方面又被出面聽到。重重複複，安靜、嗌出一兩聲、又安靜。

好想有一個女人喺身邊，但已經伸手都無力，想走，卻無處可逃，落入困境。

檢查一下銀包，確定自己有買一支酒嘅錢之後，我就離開宿舍，是但去咗一間便利店到，然後走去一個海邊、或者一個公園，邊到都好。去個無人嘅地方。

離開時候，可能佢哋發現門底有屬於一對腳嘅影，於是短暫地停咗落嚟，等我走開，又繼續。

一定要去個無人嘅地方。

尖沙咀海旁有好多人，不自覺就嚟咗依到。

情侶嘅手撓住手，朋友嘅搭住膊頭，我拎住一支酒。嗰晚因為想醉，所以特別快醉，嚟嘅時候，我見便利店買兩罐有折就飲咗兩罐，去到尖沙咀嘅時候再買，但好多人，淨係等買酒都排咗好耐。

順住人潮向同一個方向行，都係向住海邊。

嗰晚我無再嘗試「決定」自己要去邊到，只係行入人群，就跟住人群嘅方向行。本來有一刻想去海邊，但唔小心就入咗去離開嘅人潮裡面，結果整晚都同海邊無緣。

來來回回，唔知行到幾多點鐘，行過見到便利店有著燈就行入去買啲嘢飲。飲到嘔，瞓喺街邊，依稀記得好多人經過、好多人走。因為無錢，無人可以偷到我嘢，最多只可以打我一身，或者殺咗我，以依種狀態瞓喺路邊，竟然比其他時候嘅我都覺得安心。

一瞌埋眼就瞓得著覺。

瞓咗喺街邊一張長櫈上面。

「先生。」

竟然唔理乜人，個個都會慶祝聖誕，我諗一定係所有人都相信神，而且篤信不已，仲要對詐騙、欺瞞，絲毫不感恐懼，先可以對聖誕樂此不疲。

「先生。」

如果上帝存在，佢一定覺得好煩，見到個咁嘅世界，周圍都係做愛嘅人。佢哋除晒衫、攬埋一嚿，但到第朝又好似乜事都無。諗返起自己曾經做過啲咁樣嘅事，就覺得，無論如何我都唔會得到救贖。我係被人丟棄喺度，永遠被丟棄喺度。可能對天國嚟講，人間就係地獄，人類竟然希望上帝伸手入垃圾筒劏，未免太為難佢。

我再打開眼，平安夜已經過去，去到第朝清晨，人類無因為聖誕而逆轉啲乜。我面前只有兩個警察，佢哋一步一步，慢慢咁行近我。

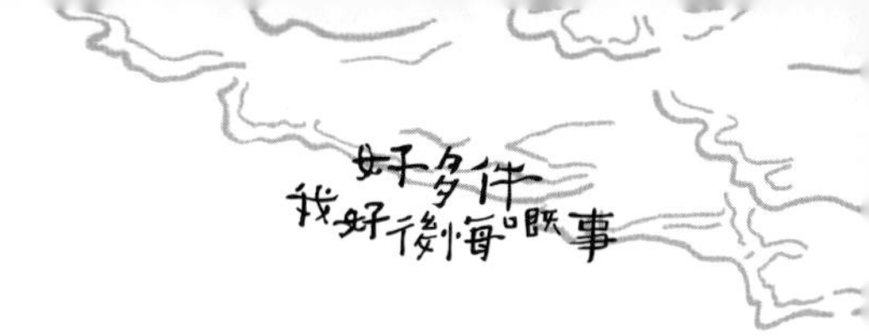

等到佢哋企喺我前面。「先生你咁樣好危險㗎喎。」佢哋叫醒咗我。

「哦。」我答，一隻手撐喺地，慢慢咁撐返起身。

「先生你無嘢吖嘛？」

「無事。」我答。

佢哋問我：「你住邊頭？」

我指向遠處，猛力搖下個頭，我唔肯定我嘅方向係咪真係嗰個方向。總之我指住馬路盡頭，講咗間大學嘅名。

「先生你小心啲喇吓。」

我用盡全身力氣，集中精神，不斷咁提住自己要行出一條直線。

「唔該阿 Sir。」我舉起手：「拜拜。」

佢哋無答我，但係又無攔住我。佢哋見我行開，又繼續向我反方向行。我再回頭望，等到佢哋完全離開，再見唔到我，我又坐返喺度，飲咗啖酒（甚至我唔記得，支酒其實係邊到嚟嘅）。飲到最尾，一滴都無，我又行入一間便利店到，繼續買，繼續飲。本來煩惱應該買酒定係買煙，但發覺自己淨係夠錢買酒，煩惱即時一掃而空。

煙盒裡面得返最後一支煙，望到都覺得寒酸，但無辦法，都係要食。我點支煙，掉走個煙盒。

我好羨慕嗰啲有力氣為「上帝存在與否」鬧到面紅耳赤嘅人，咁樣嘅人生，真係樂觀又積極。

「嘔——」

返到宿舍，一唔小心就嘔到一地都係。嗰時係清晨六點，行都行唔穩，莫講話要自己清理返個地方，清晨唔敢叫得太過大聲，連想搵人幫手都無人喺度。

不如走吖，離開依到，去邊到都好。但留低一大灘嘢走咗去，咁樣又未免太不負責任，一時之間進退失據，坐咗喺灘嘔吐物前面，挨喺牆邊。

「吖！！」有個女仔行咗出嚟，佢一見到灘嘢，就大嗌出嚟。

佢喺遠處望住我，一副驚惶失措嘅樣，佢觀察咗我一陣，但因為太遠，我望唔清其實佢係邊個。我哋維持咗咁樣有半分鐘到。佢好似確定我安全，唔會攻擊佢之後，佢拎起部電話，放喺耳邊。

坐喺地下，仰視住佢，佢一路望下我，一路就對住個電話講。佢貼近牆邊，同我保持距離，有咁遠得咁遠。

「看更啊？」

「係……係啊……依到有人嘔啊。」

「嗯……」

「九樓，轆口啊。」

「唔該。」

佢收線。我同佢保持幾米距離，因為有一大灘嘔吐物喺我哋中間，周圍都好臭。佢半個身匿喺門後面，手撳住門柄，準備隨時鎖門，唔敢行近我半步。

「你無咩吖嘛……？」佢問。

「唔關你事！」我答，撥手，趕走佢：「走啊！」

佢鄙視我，眼裡充滿嫌棄。

我指住佢鬧：「行遠啲啊！唔好黐埋嚟！」

呼一聲，我鬧走最後一個可能會幫我嘅人。無幾耐看更就上咗嚟，仲有個清潔姐姐。

我望住少女門埋嘅房門，確定佢無再打開過道門，我就放心，鬆一口氣，兩眼浮起一泡感恩嘅淚。

眨吓眼，我就攤咗喺自己張床上面，西牛一嘢拍落我個頭，佢鬧我：「你醒喇仆街？」

西牛好似平時咁。

我望住天花板：「嗯。」

我都一樣。

「尋晚去咗邊到食女啊你！」西牛問：「飲到咁撚樣嘅喂！」

「無啊。」我答：「無女人。」

「阿翔喎！」佢對我陰陰嘴笑：「你會無女食咩？！」

「嗯。」我瞓喺度，個頭陷入枕頭裡面：「無啊。」

「你去咗邊玩啊？」佢繼續問。

「同啲朋友飲吓酒。」我答。

「咁開心？！」

我照舊點吓頭。宿舍房窗邊有條鐵通，用嚟畀人掛衫，天花板仲有一盞長方型嘅燈，幾支長型光管，放喺一個磨砂盒裡面，平時我哋就係靠佢照明。下晝，熄咗燈，白色嘅天花板，陰天作成暗灰。

「係啊。」保持微笑啦，要笑，我提醒住自己，要好似無事發生過咁：「幾開心㗎。」

「哈哈哈哈！」佢大笑幾聲，又拍吓我膊頭：「你估吓我琴日去邊樹玩先？」

我呼一口氣。

「唔知喎，邊到啊？」我問。

無力似命不久矣，我有依種感覺。西牛聽完我嘅問題，自信咁指住地板，示意佢一直都喺依到。佢望實我。

「無出去玩咩？」我問：「唔似你喎。」

然後佢就大笑。「傻仔嚟嘅！」佢鬧我：「唔出去都大把嘢玩啦！」

「係啊？」我答。

西牛佢對住我笑，我避開佢嘅視線，轉身向住牆嗰一面瞓，用手擦吓對眼，扮係因為太陽照到眼睛而轉身。

西牛叫我估：「你估吓琴日邊個上咗嚟？」

我隨便講咗兩個人名。佢一路自信咁搖頭，一路話唔係，唔係，叫我再估。我一路唔敢講出嗰個名。

「張文靜啊！」就咁聽都聽得出，西牛對琴晚嘅事好滿意，所以先可以用到依種語氣同我講：「你師妹啊！佢好撚得喎！」

「吓？」我腦海間剩低一片空白：「係啊？」諗咗好耐，先諗得出一個恰當嘅回答：「佢不嬲都正嘅……」

床靠牆嘅一邊，上面有幾條裂紋。裂紋唔深，對結構毫無影響，僅僅係一條黑色歪歪斜斜順住落去嘅線，將我眼前嘅牆身左右分開。有啲明顯，遠處都見得到，但係如果特登叫人嚟整，又好似太誇張。

佢鬧佢：「你唔上佢，嘥料啦！」

沉默。

「好彩嗰日佢返咗一陣學校溫書咋！嘩！著埋條校服仔！幾撚正啊仆街！」

「哦……」

「我真係二話不說，剷起佢條裙仔……識食一定係連埋套校服食，玩埋佢對襪！」

白色牆身見得到我嘅死相，裂紋裂成深淵，我就企喺邊緣，耷低頭，黑色一片，見唔到底。深呼吸，跌落去，我見住我越縮越細，沒入黑暗之中。咁樣跌落去肯定會喺深淵底下粉身碎骨，頭骨爆裂，我諗。

「係啊？」我照回答。

「係啊！」佢興奮咁嗌：「仲要白色底褲仔！」越嗌，佢就越係興奮：「對波仔盪吓盪吓……」

西牛嘅影印喺牆上，佢兩隻手放喺胸前，向上托，好似托起一嚿嘢咁。

「嗱我抱起佢嚟屌，揸住個屎忽仔。」

「哦……正喎。」佢一句，我一句。出於禮貌，希望佢咁興奮同我分享緊嘅時候，唔會對我嘅反應失望。

佢好滿意我畀嘅反應。佢繼續講：「粉飽、Pink Lin……真係青春少艾，唔同講法。」或者，係佢根本無留意過我有無畀過反應。

我更陷入枕頭裡面，咩都唔敢望，心跳到窒息咁，一路瞓，又一路撐大眼。

「你玩到好夜咩？」西牛拍吓我背脊：「仲話無食女！吓？！叫咗你留力㗎啦！」

「我瞓多陣。」

「你聽我講埋先！」西牛佢叫返醒我。

「好。」我話：「你講吖。」

「仲不特止啊！」佢轉個動作，講得繪影繪聲。佢話：「阿翔你唔知咋！啲靚妹仔！真係有陣香味㗎！又緊喎……」佢吞吓口水：「總之就正啦！」

「咁就好喇。」我用力壓住咽喉，確保自己講出嘅每一隻字，都同平時一樣：「咁一定好正喇。」

「緊係正！」佢坐到我床邊，繞住腳，擰轉腰，對住我。佢話：「佢琴晚嗌得幾撚爽啊！」

我瞌上眼。黑色嘅世界，剩返西牛把聲：「嘩，依家啲靚妹仔呢，淫底㗎喎原來。」

對住自己廿二個年頭，雖然無辦法對依個世界有啲咩嘢深切了解，但對於自己，多多少少都有一啲覺悟。張文靜嘅事的確令到我好心痛，但我似乎唔會因為佢一個人而死。

「琴晚我攰佢喺床頭啦……抱住條腰仔係咁推係咁推……」

死亡於我應該係一件累積而成嘅事，係好多件事累積成一個會死嘅人，命裡有時，終須有。我諗。

「係呢，西牛。」我打斷西牛嘅說話。我問：「如果聽日你就死，你會去做啲咩？」

西牛聽到我嘅問題，呆咗一吓：「做乜嘢啊？」

「都係由佢啦。」我拉高番被，冚住個頭。

然後，佢理所當然咁答：「搵女食囉。」佢仲鬧我：「仲諗啊？！」

「嗯……」

「做咩無啦啦咁問？」

「所以，最後一日，都係做住同以前每日一樣嘅事？」講出嚟嘅時候，竟然可以前所未有地冷靜，連我自己都覺得神奇。

「唔係仲有咩可以做啊？」反而，到西牛佢一臉疑惑咁問返轉頭：「咁有啲咩嘢更特別嘅可以做？」

「例如……」突然被佢咁問，即刻被佢問到口啞啞：「例如……環遊世界，去每一個海飲一啖水？」

「嗰啲係懶特別。」

「咁……」

「無其他嘢可以做啦吓話？」

「應該會有一啲有特殊意義嘅事？」我垂死掙扎咁問。

結果，要死嘅都係要死。「同第個女人做愛囉……」西牛隨口答：「一日應該溝唔到啲咩新女。」

「如果係我，我諗我會活不下去。」我笑。

西牛鄙視我，半帶恥笑：「做乜啫你。」

大約有一兩個星期，我唔敢同張文靜再有任何交流，佢打嚟嘅電話我無聽到，Whatsapp 我即刻閂咗上線時間，唔敢回覆。

喺嗰一晚之前，同嗰一晚之後，佢對我嚟講，就變成咗兩個唔同嘅人。縱然行為上張文靜依然係嗰個張文靜，IG 嘅相片裡面，佢依舊係同一個樣，但「佢對我嚟講」，我好似喺佢懷中跌咗落地。

我再見返張文靜，係兩個星期之後。因為無錢，所以我繼續幫佢補習。

搭車去見佢之前，我思考咗好耐，應該點樣解釋依兩個星期我完全失去蹤影。以及，到底點樣掩飾我知道咗佢同西牛之間嘅事。西鐵慢慢開往屯門，一個一個站咁接近，我就愈嚟愈怕落車。見到佢嘅第一句，我應該同佢講啲咩好？搭車路上，我為此而諗咗好多個學生可以接得上嘅話題，仲專程上網睇咗陣韓國嘅娛樂新聞，希望轉頭有話題。

好怕一見到張文靜我就露出馬腳，畀佢發現任何蛛絲馬跡。

張文靜 Whatsapp 叫我喺屯門站到等佢過嚟。佢話佢未食 Lunch，想同我一齊食。佢仲好興奮咁同我講：「我有件事想同你講！」

隔住部電話，聽住佢嘅錄音，車窗外，山巒掠過如走馬燈轉。坐喺車上，又覺得依一程車比想像中遠咗好多。

「咩事啊？」我笑笑，故作好奇咁問，其實我知道答案。

「我陣間先講你知！」然後佢又問我：「你搭到邊？」

我握緊電話，我同佢講「錦上路。」

「咁我差唔多先落街搵你喫喇。」

「嗯，我無所謂。」我同佢講，叫佢「慢慢」。我話：「我最多去到行住等你。」

「好啊。」佢笑住答。

禮貌上，我都笑住答：「陣間見。」

我咃收線，慢慢垂落握住電話嘅手。星期六中午，西鐵出奇地靜，另一條路軌迎面駛嚟另一架西鐵，車箱傳嚟肅殺嘅風聲。等一切駛過，車箱先至再安靜落嚟。兩個師奶開始討論菜價，一個話百佳抵啲，一個話惠康抵啲，其他人都好似深深地熟睡咁靜。

日日都笑，我好怕有日會攰到肌肉溶解。我將笑臉垂返落嚟，等肌肉可以好好休息，休息到西鐵到站，我再保持微笑。

張文靜一早到咗，企喺西鐵站通往商場嘅天橋邊等我過嚟。佢撥下頭髮，天橋左右都係落地玻璃，中午嘅陽光照落佢身後。

佢見我行埋去，就過嚟鬧我：「你啊，做咩成兩個禮拜無咗影！」

我照住計劃答。

「依排多嘢做啊，又 Hon Pro，又 Present，又 Paper。」答到一半，仲要諗點樣掩飾埋剩低嘅另外一半，好痛苦：「部電話又壞咗喎。」

「壞咁耐？」佢一臉疑惑。

畀佢一問，頓覺膽怯。「哈哈，係啊。」撓下頭，唯有試下搞笑，搞笑可以解決嘅問題好多：「成部電話跌咗落屎坑吖嘛，我又咁啱屙緊屎，要考慮下係唔係真係拎去整。」

佢聽到「屎坑」同「屎」，就笑到收唔到聲。「好白痴啊你！」笑到咁上下，佢先順返條氣：「咁最後呢？部電話有無整？」

為咗搞笑，我盡力加多兩錢肉緊：「有啊。」然後我拎咗部電話出嚟，部電話一直無換，都係以前咁嘅樣：「整好咗喇，不過唔濕得水啊，無洗過。」一手握住電話，塞向佢耳邊。

「喂也！」佢擋開我隻手：「好核突啊！」

陽光照住佢半邊臉，佢轉個身，褪後咁走。我伸出手，追住佢。

「部電話乾淨㗎！」喺佢面前，好想每一個笑話都好笑：「用紙巾抹過晒！」

佢笑住鬧：「好心你換咗佢啦！」

「唔換！」我板住臉，搖搖頭。

佢一直褪後、一直咁褪，慢慢到我放慢腳步，手只係識定喺半空，呆住眼睇佢愈嚟愈遠，伸手不可及。佢擘大眼，詫異咁望住我。

「張文靜。」我叫佢個名。

一方面好想靠自己逆轉到啲嘢。

「嗯？」

一方面又好清楚自己根本逆轉唔到啲乜。耷低頭，垂低手，西鐵站人來人往。陽光喺落地嘅玻璃前面靜躺。

「都係無嘢喇。」依舊，我做出我最擅長嘅笑，故事嚟到依到，笑字已經用過太多次，我好抱歉：「我想講，你好似靚咗啫。」

「吓？」

「係啊，我想同你講，你靚咗。」我對佢重複一次。

「唔信你啊！」佢嘅牙好白，佢轉身前嘅一眼回眸，頭髮飄啊飄啊。然後佢一眼都無望過我，走喺我面前。

「係啊，啱啱呢，我咪同你講，有樣嘢要話你知嘅。」我面前得返佢嘅背影，睇唔到佢問我嘅時候係咩表情。

「嗯。」我諗佢都睇唔到，其實有時我唔鍾意笑。

我哋一前一後咁行，星期六商場好多人，步伐如此緩慢。

「我同西牛一齊咗。」佢兩隻手收到背後，紮起嘅馬尾擺下擺下。

「哦……係啊？」我問：「嗰個西牛有咩好啊？」

「佢對我好好啊！」佢一樣一樣咁，向我數出西牛嘅好：「份人又細心，又搞笑。」我就跟住佢嘅腳步，一步一步咁行。「又識照顧人。」

「真係？」我問。

「真係㗎。」佢答。

「咁……」雙手插喺袋，別開視線，環視商場四周，避開張文靜嘅身影：「你同佢拍拖幾開心吖嘛？」

四周圍嘅店舖同其他區一模一樣，反而開始唔記得住咗廿年嘅屯門點行，到處面目模糊，又似曾相識。

「開心啊！」佢轉身，側住頭。

一副的的確確地感到快樂嘅表情，唔係是是但但拉扯出嚟嘅一張笑臉所能比擬。

「咁就好喇。」我深深呼一口氣。

都唔到我講啲乜嘢。

「好好玩啊，佢成日帶我周圍去。」張文靜同我講：「一齊行山啊、睇日落。」佢一雙手放返前面，十指緊握，一臉紅：「有啲咩唔識，佢又會教我。」我諗，一定要好鍾意西牛依個人，臉上先可以做到依個表情。

「你好似過得好幸福。」我話。

「Err……」一講起幸福，張文靜塊臉又紅咗一下：「係咩？」

「睇你表情睇得出啦。」見佢羞澀嘅樣，佢好似搵到以前我從來無畀過佢嘅嘢咁：「一個幸福小婦人咁喎。」

「你唔好咁話我啦哎啊！」佢鬧我，一邊擰埋塊臉。

好可愛嘅一個小女孩。

「對唔住。」我向佢道歉。

「吓……唔使咁認真喎…」我諗，佢係以為我為緊上一句說話道歉。佢仲話：「我講吓笑㗎咋……我無嬲。」

「總之，好對唔住。」我停喺度，一直等佢接受我嘅我嘅道歉。

「喂……」張文靜叫住我：「我真係講吓笑㗎咋！」然後，佢叫我繼續行：「唔好咁啦，條街好多人望住㗎。」

「真係好對唔住。」一次又一次騷擾到你嘅人生，好對唔住。

「喂……」佢一直叫住我。

「陣間譚仔，我請吖，好無啊？」雖然錢已經唔多，但係：「我真係好想好想請到你食一餐飯。」我向佢保證：「我今次真係有錢，你想食咩都叫得㗎。」

「唔使啦……」

「雖然點都贖唔到罪，但希望點都贖到啲嘢。」我撓吓頭，笑：「哈哈。」

夜晚返到宿舍，正想開門，先發現門底攝住一張 MEMO，上面鋪滿塵，踩滿鞋跡，我諗已經係好耐之前嘅事……但係依張嘢，我之前一次都無見過。

**「番被我唔要，**

**你冚完幫我掉咗佢就得。**

**阿怡」**

記得上次飲醉返嚟，我瞓咗喺 lounge，嗰晚身上無啦啦多咗番被，覺得好怪，但太眼瞓，一轉眼又瞓返著。前前後後發生過咩事，喺我腦入面已經無咗「次序」嘅概念，淨係記得依件事「有發生過」。

走廊盡頭有一扇窗，玻璃上面有我嘅倒影，面色蒼白，眼袋好深。鬚一日一日更長、更亂，想剃好耐，但一拎起刀就唔想郁，應該無人會在意我，我諗，再做依啲事都係多餘。眼球白色嘅地方慢慢被侵蝕，望住都想殺死自己，只要活多一日，我都覺得今日嘅自己比琴日嘅自己更加面目可憎。

嘆一口氣，噴出灰色嘅煙。西牛一定比我好好多，佢比我更似一個人，我諗。雪櫃嘅酒已經飲晒，僅餘嘅 Ice 都畀西牛拎走，雪櫃空空如也。我閂埋雪櫃，當無打開過。

叫過好多次西牛飲完我啲酒一定要買返返嚟，但佢次次都唔揪理我，係有時得閒，先會放幾十蚊喺我枱頭，當係找咗條數，但如果我真係拎返張單出嚟，佢大概只係找咗十分之一左右，我諗。因為拎張單出嚟逐個細項同佢計，未免太過小家，畢竟佢介紹過女人同我做愛，於是窮到爛極都好，我都未試過狠下心腸要佢畀返酒錢。

煙頭一手彈落去，瞓返上床，夜色深沉，輾轉反側。好想飲酒，但無酒，於是瞓唔著覺，又起返身，行去窗邊，望住地下好耐。喺知道自己可以跌落去，而確認自己可以跌到落去之後，我就返返上床。來來回回，廢物咁樣。

因為無酒，無辦法之下只好食多支煙。深深咁吸，另一支煙都點完，又鑽入被竇，大被冚過頭。結果久久未能入眠，都係行咗出房。

我打開電話嘗試搵，有無可能，喺嗰一晚，會留低任何一點線索，去畀我搵返阿怡？結果我搵嚟搵去，都係乜嘢都無。我唔知佢喺邊棟宿舍、邊一層樓、邊間房，我淨係記得佢個背影、佢個樣。我搵唔返佢。

好多謝嗰日你掉咗番被畀我，我想咁同佢講，但依啲說話已經連可以講嘅對象都無。嗰日我飲到咁醉，點解佢會嚟咗依到，仲畀到番被我呢？我諗到依到，都係無嘢可以再講落去。好似我存在本身已經困擾到人。

我返返自己間房，執好行李，將所有衫衫褲褲塞晒入行李篋到，用力將所有隆起嘅衫壓入去。實實在在有一個篋，裡面有我嘅一切，房間屬於我嘅嗰面終於清空，剩低西牛嗰面散落一地嘅雜物。

最後淨返一張被，一直放喺衣櫃嘅最角落處，我一路好想還返張被畀阿怡，但我無見過佢。我甚至一度懷疑，佢係咪已經去咗 Exchange，如果唔係，有咩可能喺同一間大學入面，會再撞唔返依一個人。

嗰一晚嘅阿怡，好似一隻夜晚嘅精靈，見到佢一眼，佢就消失，再搵唔返。我望住番被，望咗好耐。我諗，我好似係時候掉咗番被，於是我拎條尼龍繩，綁住佢行。無人要真係慘，我唯有帶埋佢走。

環視房間四周，確定再無屬於我嘅嘢漏低喺度，我拉住個篋，一直行。走嘅時候無明確方向，於是決定搭車返屯門，去望下個海。

搭西鐵到咗屯門站之後，如果想去海邊，要再搭一程輕鐵。我拎住番被，吸引咗好多途人嘅目光，但自從上次發現，就算直接瞓喺街頭都唔會有人望住自己，就知道所謂「吸引途人目光」都只係幻想出嚟。當視線一掃向佢哋，佢哋就即刻避開，扮到無望過我。

一個人，耳邊吹過海風，聽住拍岸嘅浪。好想有個人可以聽我講幾句嘢。

可惜過去做錯過嘅事已經太多，多到打開電話簿，掃到一堆唔可以打畀佢哋嘅人。中間掃到「爸爸」兩隻字，打咗半個電話號碼，最後都係放棄。

最後一個電話，來來回回，踱住步諗咗好耐，我打開電話，然後打畀家雯、SY。再上一次佢哋聽我電話，已經係我問佢哋借錢嗰時，所以再下一次，就無人聽我電話。我跳過西牛，都無打畀阿爸。我喺電話簿上順住咁碌落去，慢慢就碌到底。

我打咗個電話畀自己——

「今次真係我最後一次搵你。」

「之後唔會再煩到你。」

「唔知你可唔可以幫我個忙？」

「講完我就會即刻死。」

「你聽我講兩句。」

「我搵唔到邊個人可以聽到我講。」

「中三嗰年，我係一個頭髮好油、好長，成日唔剃鬚，嘴唇上面全部都係毛嘅男仔。」

「連講嘢都唔敢，怕講多兩句都會畀人笑。」

「中學時期我係一個咁樣嘅人，唔知你有無印象？」

「一個咁樣嘅人，如果鍾意人，一定係全校熱話。」

「而且全部人都會拎嚟笑，覺得個女仔嘅處境好可憐。」

「畀一個咁核突嘅人鍾意，一定好痛苦，畀人講好耐，你明唔明？」

「就算依家事隔咗咁多年再諗返起嚟，都會覺得唔好意思。」

「一唔小心就會傷害到人，鍾意人唔係大晒，你明唔明？」

「嗰陣仲成日整埋啲卡啊、訊息又打一大段、仲會為咗部電話無電 Send 唔到訊息畀佢而傷心成日，仲試過特登整生日蛋糕畀佢。」

「自以為對人好好。」

「但要人地用咁多時間思考應該點拒絕我，真係太難為人。」

「結果等到佢生日，佢打電話叫我出街。」

「我以為佢約我出去，得我同佢兩個，點知就見到佢同佢嘅朋友。嗰陣我對人真係一啲戒心都無。」

海邊好靜。坐喺海邊嘅長櫈上面，望住個海。人生有好多時間我都用咗嚟望海，因為望住個海唔使刻意笑，比起面對人類從容得多。

「我送咗份禮物畀嗰個女仔，然後佢就揮手，拜拜，叫我走。嗰晚我自己返咗屋企，連飯都無食。真係白痴。」

「轉身臨走嗰刻，見到佢啲朋友望住我。嗰堆交投接耳嘅神情、嘴角揚起嘅恥笑，我到依家都記得。」

「我真係好怕人。」講完又怕說話太認真。

「哈哈。」所以我笑，希望氣氛輕鬆返啲。

「以前未同過其他人講依件事，你要幫我保守秘密。」

「唔好意思。」我向佢道歉。

「其實我無咩特別想講。」

「因為無寫稿，我作文又唔係特別叻過人，所以，其實無立意可言，我無咩想帶出。」

「之後，我就遇到一個叫張文靜嘅女仔。佢對我好好。」

「佢係一個對人好好，無論如何都會將個心 100% 咁交出去嘅人。」

「而我，就只係一心都諗住唔好太認真、唔好太認真……」

「但你唔好諗住拎以前啲嘢出嚟扮慘就可以過到骨。」

「唔好諗住將你嘅錯瀨畀個女仔，周圍去害人嗰個始終係你。」

「後悔又點？你覺得有人會因為你後悔，而唔記得以前嘅事？」

「你點改都無用，做過就係做過。」

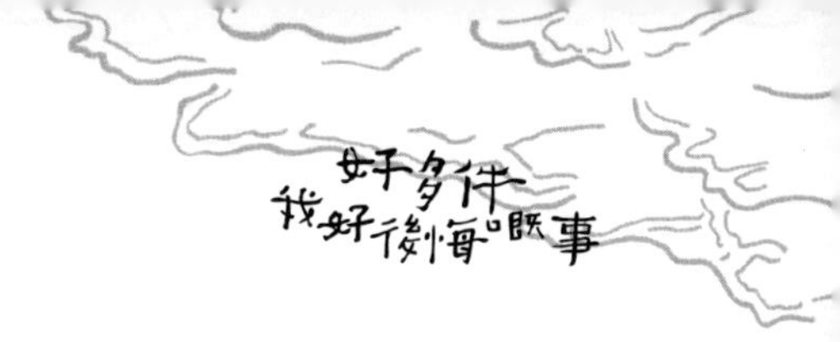


「你徹頭徹尾就係一個人渣。」

月光照喺海上，遠處有一個貨櫃碼頭，碼頭著住橙黃色嘅光，光散喺半空，夜空中形成一個奇怪嘅半圓，將嗰一個碼頭罩住。

「我自辯完喇，要講嘅就係咁多。」

「我以後唔會再搵你。」

海旁，沿路一行發出白光嘅路燈，對岸一堆著住一點點光嘅高樓。沿岸鋪滿石，浪拍埋嚟，好似比啱啱靜。世界靜到得返浪聲。依個世界總有人係不值得活，而依一個人可以係我。

我拎起番被，掉佢落海。

（全文完）

To 好多年之後打開依封信嘅你。

當年寫完依個故事，我有好長時間無再寫作。

依個故事會出版成書，係當年嘅我唔會諗到嘅事。我想為當年嘅自己道歉，但同時，我又想多謝個講嘢嘅機會佢。出版依本書，當係一個留念。

無寫作嗰兩年，我好專心返工，個份工好悶，唔知點解佢要請人，但點都好，佢出過糧畀我。

近日我諗，點解我依生人，好似無做過啲乜係成功嘅呢？返工唔知做緊乜，放假唔知去咗邊，後來我讀書，諗住做老師，如大家所見，我最後都無去到。

## 好多件我好後悔嘅事

喺好多年前，我正式開始寫《好多件我好後悔嘅事》之前，我未試過有任何一個故事係為自己而寫。我大部故事都無關自己，只為娛樂大家。直至我寫到依個故事，我問自己，寫作係乜。

喺個瞬間，寫作對我起咗質嘅變化。依個故事，故事只係故事，當然有假嘅部分，但情感係真。希望我依家再提，唔會反而令我變得虛偽。但真實嘅部分，喺文字所不能及之也。

我自己一直都好鍾意後悔依個故事，但佢一直都無機會成書。喺我寫完《尋死之前，我想聽見貓的叫聲》之後，我問過當時出版社，問佢哋有無興趣出埋依本，但佢當時以題材相近為由拒絕。之後我都有問過另外一間出版社，無奈時機問題，當時我已經開始獨立出版。

十年之後，個個當初日日話好想我死嘅細路，最後都無死到。

依個版本同當時網絡連載相比，有啲細節已經被我改動。一啲出於現時審美嘅改變，一啲出於我後來再睇實在感到尷尬。希望你哋都會鍾意依個好多年之後嘅版本。

當時我以為依份係自己遺書。好彩人健在！最後無事！！

6.12.2024

好多件
我好後悔嘅事

# 好多件我好後悔嘅事

## Some deep and long regrets

作　者　羊格
編　輯　蘇可程
設　計　joe@purebookdesign

出　版　垮掉一代 BEAT GENERATION
出版人　Yeung Kwok Hei
聯絡電郵　beatgeneration0928@gmail.com

承　印　美雅印刷製本有限公司
出版日期　2025 年 7 月
ISBN　978-988-70820-0-2

上架建議 | 華文創作、流行小說
定價 | HK$138

Printed and Published in Hong Kong
香港出版
本故事純屬虛構，如有雷同，實屬巧合